Geistreiches für Manager

Prof. Dr. Hermann Simon ist Vorsitzender der Geschäftsführung der *Simon, Kucher & Partners Strategy & Marketing Consultants* in Bonn, München, Cambridge (USA), Paris, Zürich und Wien (www.Simon-Kucher.com) sowie Gastprofessor an der London Business School. Bis 1995 hatte er den Lehrstuhl für Management und Marketing an der Universität Mainz inne. Seine Bücher und Artikel sind in 15 Sprachen erschienen, für das *manager magazin* ist er regelmäßiger Kolumnist.

Simon ist Autor der Campus-Erfolgstitel *Die heimlichen Gewinner (Hidden Champions) (1997)*, *Profit durch Power Pricing (1997)* und Herausgeber des *Großen Handbuchs der Strategiekonzepte (Campus 2000)*.

Geistreiches für Manager

Ausgewählt von
Hermann Simon

Campus Verlag
Frankfurt/New York

Die Deutsche Bibliothek – CIP-Einheitsaufnahme

Ein Titeldatensatz für diese Publikation ist bei
Der Deutschen Bibliothek erhältlich
ISBN 3-593-36559-6

Copyright © 2000 Campus Verlag GmbH, Frankfurt/Main
Umschlaggestaltung: RGB, Hamburg
Satz: Fotosatz L. Huhn, Maintal-Bischofsheim
Druck und Bindung: Wiener Verlag, Himberg
Gedruckt auf säurefreiem und chlorfrei gebleichtem Papier
Printed in Austria

Besuchen Sie uns im Internet: www.campus.de

Gliederung

Vorwort

Selten hatte ich beim Schreiben oder bei der Herausgabe eines Buches so viel Spaß wie bei der Zusammenstellung der vorliegenden Sammlung von geistreichen Sprüchen und Aphorismen für Manager. Woran liegt das? Ein Grund ist darin zu sehen, dass in solchen Sprüchen hoch verdichtete Wahrheit steckt. Ich habe viel durch die Beschäftigung mit diesen Weisheiten gelernt, manche Aha-Erkenntnis wurde mir beschert. Eine zweite Einsicht: Die wesentlichen Probleme menschlicher Interaktion und Führung sind uralt, sie überdauern ganz einfach die Zeiten. Im Grunde ändert sich nichts. Die Aussagen von Platon, Aristoteles, Seneca oder Konfuzius bleiben aktuell wie eh und je.

Ich hoffe, dass die Leser genau aus diesen Gründen Nutzen aus diesem Buch ziehen werden. Ich wünsche den Lesern Spaß bei der Lektüre und die Gewinnung wertvoller Einsichten. Oft werden wohlbekannte Wahrheiten bestätigt. Doch deren Wiederholung schadet nicht, wie der Philosoph Elias Canetti (1905-1992) betont: »Es ist wichtig, alle großen Gedanken wieder zu sagen, ohne zu wissen, dass sie schon gesagt worden sind.« Natürlich bietet sich das Buch als Vorratskammer für Reden an. Manager, Führungskräfte und Unternehmer müssen ständig Vorträge halten, referieren, kommunizieren. Ein treffendes Zitat an der richtigen Stelle kann da nur hilfreich sein, egal ob wohlvorbereitet oder spontan in die Konversation eingestreut. Johann Wolfgang von Goethe (1749-1832), selbst einer der fleißigsten Schöpfer von Aphorismen, gibt folgenden Rat: »Eine Sammlung von Anekdoten und Maximen ist für den Weltmann der größte Schatz, wenn er die Ersten an schicklichen Orten ins Gespräch einzustreuen, der Letzten im treffenden Fall sich zu erinnern weiß.« Nicht zuletzt eignen sich viele der Aussagen als Leitlinien, Hilfestellungen, Ermunterungen oder auch Ermahnungen für Mitarbeiter. Diese subtilere Form der Führung ist manchmal wirksamer als der direkte Hinweis, da sie Autorität, Neutralität und prägnante Formulierung miteinander verknüpft. Die Gliederung nach Kapiteln, die wichtige Interessengebiete von Führungskräften abdecken, soll das Finden und die Zuordnung passender Aussagen erleichtern.

Wie kommt diese Sammlung zustande? Nicht durch eine systematische Recherche! Vielmehr habe ich seit Anfang der achtziger Jahre unsystematisch-zufällig Geistreiches, Sprüche und Aphorismen aufgelesen, die im weitesten Sinne Führung und Management tangieren. Die Fundstücke stammen aus vielerlei Quellen; aus Vorträgen, Gesprächen und Begegnungen; aus Zeitungen, Zeitschriften, Büchern; aus Korrespondenzen, E-Mails und dem Internet. Gerne lese ich Sammlungen von Aphorismen und werde hierbei häufig fündig. Gemäß der Weite der Wiese, auf der ich gesammelt habe, reichen die Autoren von den großen Namen der Geschichte, Philosophie, Wissenschaft und Dichtung bis hin zu zeitgenössischen Führungskräften, Unternehmern, Managern, Politikern, Autoren, Journalisten und Beratern. Teils sind diese Personen wohlbekannt, teils sagen ihre Namen wenig. Die Spanne der Quellen spiegelt sich auch in unterschiedlicher Originalität der Aussagen wider. Nicht immer kenne ich den Ursprung eines Zitates, selbst dort, wo ein Name dabei steht, konnte ich diesen manchmal nicht näher identifizieren oder musste mich mit dem Hinweis auf das Ursprungsland begnügen. Es ging mir nicht um bibliographische Vollständigkeit, sondern um Inhalte. Ich hoffe, der Leser sieht das ähnlich und vergibt mir die unwissenschaftliche Form der Präsentation.

Ein spezifisches Problem liegt bei Zitaten und Aphorismen in der Sprache. Soll man sie in der Originalsprache belassen oder ins Deutsche übertragen. Viele der Sprüche leben von Wortspielen in der Originalsprache. Beispielsweise würde Oscar Wildes »Common sense is not so common after all« in der deutschen Übersetzung »Gesunder Menschenverstand ist nicht so allgemein verbreitet« die geistige Spritzigkeit verlieren. Ich habe deshalb keinen dogmatischen, sondern einen pragmatischen Weg gewählt. Englische Zitate treten oft im Original auf, Aphorismen anderer Sprachen gelegentlich, teilweise auch durch die deutsche Übersetzung ergänzt. Ich hoffe, mit diesem Kompromiss den Interessen der Leser am nächsten zu kommen.

Zusammenfassend offeriere ich im Titel »Geistreiches für Manager«. Man könnte auch Bezeichnungen wie Aphorismus, Maxime, Spruch, Apophthegma, Lebensregel, Weisheit, Sprichwort, geflügeltes Wort oder Aperçu verwenden. Bei meiner Auswahl war ich auf verdichtete Einsichten erpicht – dichten hat mit »verdichten« zu tun. Mal sind diese mehr, mal weniger pointiert, spritzig, provokativ, widersprüchlich. Worin liegt die Faszination von solchen Sprüchen begründet? Vielleicht vermittelt ein Satz des Schweizer Kulturhistorikers Jacob Burckhardt (1818-1897) über die Poesie eine Antwort:»Die Poesie hat ihre Höhepunkte, wenn sie dem Menschen Geheimnisse offenbart, die in ihm liegen und von welchen er ohne sie nur ein dumpfes Gefühl hätte.« Es gibt sicher viel weniger Grundwahrheiten als Philosophen und »Sprüchemacher«. Und die meisten Grundwahrheiten sind alle längst bekannt. Nur ist etwas Bekanntes damit nicht auch schon erfahren. Man kann mit einer einfachen Wahrheit lange vertraut sein und sie viele Male selbst ausgesprochen haben, bevor sie einem wirklich bewusst wird und »in die Knochen fährt«. Mögen viele der geistreichen Sprüche in diesem Buch »in die Knochen fahren«, zum Nachdenken und, wo angebracht, zum Handeln anregen.

Bei der Zusammenstellung fand ich es überraschend, wie viele der großen Philosophen, Dichter und Schriftsteller sich mit geistreichen Sprüchen und Aphorismen, mit »knowledge in capsule form«, wie sie der Amerikaner Charles Speroni nennt, beschäftigt haben. Offensichtlich erkannten sie in diesen ergiebige Quellen von Weisheit. Ein besonders eifriger Sammler war Arthur Schopenhauer (1788-1860), wohl angeregt durch den spanischen Philosophen und Jesuiten Balthasar Gracian (1601-1658), dessen Werk »Hand-Orakel und Kunst der Weltklugheit« er ins Deutsche übertrug. Auch Goethe war ein »Fan« kluger Sprüche, wie das obige Zitat belegt. Natürlich darf in diesem Umfeld Georg Christoph Lichtenberg (1742-1799) nicht fehlen:»Wenn man selbst viel denkt, so findet man viel Weisheit in der Sprache eingetragen. Es ist wohl nicht wahrscheinlich, dass man alles selbst hineinträgt, sondern es liegt wirklich viel Weisheit darin, so wie in den Sprichwörtern.« Professor Lichtenberg, einer der führenden Experimentalphysiker seiner Zeit, wurde nicht wegen seiner naturwissenschaftlichen Leistungen, sondern wegen seiner Aphorismen, die er in seinen Sudelbüchern festhielt, berühmt. So zieht sich die Reihe der Aphorismus-Begeisterten hin bis zu Ernst Jünger (1895-1998), der schreibt:»Von der literarischen Darstellung inmitten einer Zeitenwende hat der Aphorismus den besten Bestand. Der Aphorismus ist ursprünglich, er blitzt auf. Der Aphorismus ist autark. Er kapselt eine Wahrheit ab, von der er untrennbar ist«, und an anderer Stelle: »Wenn die Sonne auf ihn fällt, glitzert ein Splitter kräftiger als ein Spiegel; dies gilt auch für den Aphorismus.«

Auffallend ist auch, dass verschiedene Autoren immer wieder gleiche Grundgedanken aufgreifen. Als Beispiel sei auf die fast identischen Aussagen von Michel de Montaigne (1533-1592) und Wilhelm von Nassau-Oranien (1711-1751) hingewiesen, dass es keinen günstigen Wind für denjenigen gibt, der nicht weiß, wohin er segeln will (Kapitel 1.1). Solche Dubletten habe ich bewusst mit aufgenommen, da sie die bunte Welt der Aphorismen und ihrer Entstehung beleuchten und bereichern. Doch die Tatsache, dass alle originellen Gedanken schon einmal angesprochen wurden, brachte auch manchen zum Verzweifeln. So beklagt sich Wilhelm Busch (1832-1908): »Grad so behilft sich der Poet. Du liebe Zeit, was soll er machen? Gebraucht sind die Gedankensachen schon alle, seit die Welt besteht«. Dazu passt: »Fahr hin, du Original mit deiner Pracht. Was denkt ein Mensch, was nicht ein anderer schon gedacht« von Eugen Roth (1895-1976).

Mir bleibt da nur zu sagen: »Alle Sprüche sind schon einmal getan worden – mit Sicherheit auch dieser.«

Bonn, im Sommer 2000   *Hermann Simon*

Jenseits von morgen

Zu den wesentlichen Aufgaben des Managements gehört es, über den Tag hinaus zu denken, Visionen und Ziele für ihr Unternehmen zu formulieren. Als der große deutsche Bankier Hermann-Josef Abs einmal gefragt wurde, was passieren würde, wenn der Vorstand der Deutschen Bank geschlossen zurückträte, antwortete er sinngemäß, dass dies in den ersten fünf Jahren kaum Auswirkungen zeitigte, danach erst würde man den Unterschied sehen.

Als Bill Gates Anfang der achtziger Jahre seine Vision von einem weltumfassenden Software-Unternehmen propagierte, nahm ihn kaum jemand ernst. Nicht weniger Mut bewies der Visionär Reinhard Mohn, als er Ende der vierziger Jahre das Ruder bei dem kleinen Verlag Bertelsmann übernahm. Oder Reinhold Würth, der als Neunzehnjähriger nach dem plötzlichen Tod seines Vaters eine Schraubenhandlung mit nur einem Angestellten führen musste. Was aus den Unternehmen Microsoft, Bertelsmann und Würth geworden ist, wissen wir. Die Visionen spielten für diese spektakulären Entwicklungen eine maßgebliche Rolle.

Unternehmen brauchen Visionen wie die von Gates, Mohn oder Würth. Sie sind Fundament und Basis der Unternehmensentwicklung. Eine der wichtigsten Aufgaben der Unternehmensführer besteht darin, »geistige Vorhut« zu sein und langfristige Leitbilder zu formulieren. Die Vorwegnahme, der geistige »Vorvollzug« zukünftiger Entwicklungen, ist eine nicht delegierbare Aufgabe.

Was ist nun eine Vision? Eine Illusion, eine Utopie, ein Traum oder etwas, das nahe an der Realität liegt, dessen zukünftige Realisation sich bereits abzeichnet? Eine Vision ist nichts Illusionäres, Imaginäres, keine »Erscheinung«, sondern ganz einfach eine Vorstellung davon, wo das Unternehmen in der Zukunft stehen soll. Unternehmensgründer haben meist besonders lange Visionshorizonte, die über Jahrzehnte reichen können. Kürzlich sagte mir ein erfolgreicher Unternehmensgründer: »Ich denke in Jahrzehnten, dadurch komme ich zu anderen Entscheidungen als unsere kurzfristiger orientierte Konkurrenz. Die Grundlagen unserer heutigen Überlegenheit wurden vor 20 Jahren gelegt, und heute bauen wir an unserer Wettbewerbsposition für das Jahr 2015.«

Die Bedeutung dieser Aspekte wächst, da das Gewicht strategischer, nicht auf das Alltagsgeschäft bezogener Aktivitäten in den meisten Unternehmen zunimmt. Hierzu zählen Forschung und Entwicklung (F&E), Globalisierung, Personalentwicklung, Aufbau dauerhafter Wettbewerbsvorteile, der Übergang vom Produktions- zum Serviceunternehmen. Um die Ressourcen für solche langfristig orientierten Maßnahmen effektiv zu steuern, müssen klare Vorstellungen über die Zukunft und die Position des Unternehmens in dieser Zukunft bestehen. Nichts anderes ist Vision!

Zum langfristigen Erfolg gehören aber gleichermaßen Ausdauer, das beständige Verfolgen von Fortschritt und Wachstum. Viele der Autoren in diesem Buch halten Geduld, Durchhaltevermögen und Kondition sogar für die wichtigere Komponente des Erfolges. Letztendlich braucht man sicher beides: die richtige Vision und die Zähigkeit, diese über Jahre oder gar Jahrzehnte unbeirrt zu verfolgen.

Bei all dem sollte man Glück, Pech und den Zufall nicht vergessen. Auf dem Weg zum Erfolg spielen diese drei Weggefährten keine geringe Rolle. Unsere Sprüche enthalten vielerlei Ratschläge für diesen Weg. Was auch am Ende herauskommt, der folgende Spruch gilt immer:»The two hardest things to handle in life are failure and success.« Da kann uns nur noch Murphys Gesetz trösten, wonach sowieso alles schief geht, was schief gehen kann. Murphy war übrigens Optimist.

Vision

Niemand ist da, wo er ist, sondern
sich selbst voraus, weit voraus am
Horizont seiner selbst, und von
dorther lenkt und führt er das
wirkliche, das gegenwärtige Leben.
Jeder lebt aufgrund seiner Illusionen,
als wären sie schon Wirklichkeit.

José Ortega y Gasset

Wenn du ein Schiff bauen willst,
dann trommle nicht Männer
zusammen, um Holz zu beschaffen,
Aufträge zu vergeben und Arbeit zu
verteilen, sondern lehre sie die
Sehnsucht nach dem weiten endlosen
Meer.

Antoine de Saint-Exupéry

Kein Wind ist demjenigen günstig,
der nicht weiß, wohin er segeln will.

Michel de Montaigne

Es gibt keinen günstigen Wind für
den, der nicht weiß, in welche
Richtung er segeln will.

Wilhelm von Oranien-Nassau

Richtung weisen kann nur, wer selbst
Richtung hat.

Peter Zürn

Wir sind nichts. Was wir suchen, ist
alles.

Friedrich Hölderlin

Die Geschichte der Menschheit ist die
Geschichte der menschlichen
Visionen.

Hans Kasper

Cherish your visions as they are the
children of your soul, the blueprint of
your ultimate achievements.

Amerikanische Maxime

Heinz Kroehl Wichtiger als alle Strategien sind Visionen.

Hermann Simon Am Anfang eines großen Erfolges steht immer eine Vision.

Robert Heller All good management is the expression of one great idea.

Hermann Simon Eine Vision vermittelt Ziel und Richtung. Sie muss qualitativ eine nicht nur graduelle, sondern gravierende Änderung beinhalten und zeitlich über den Tag hinaus gehen. Sie sollte zwischen Utopie und Realität angesiedelt, das heißt, gerade noch machbar sein, um Motivation durch eine genügend große Herausforderung freizusetzen. Effektive Kommunikation und Vorleben durch die Führung sind Voraussetzungen für eine erfolgreiche Umsetzung. Idealerweise personifiziert der Unternehmensführer die Vision.

Carl Sandburg Nothing happens unless there is first a dream.

Walt Disney Wenn du es träumen kannst, kannst du es auch machen.

Gerhard R. Wolf Visionen ohne Aktionen sind Halluzinationen.

Dom Helder Câmara Wenn einer allein träumt, bleibt es ein Traum. Träumen wir aber alle gemeinsam, wird es Wirklichkeit.

Als ich mit 17 Jahren aus dem
Mecklenburgischen nach Berlin kam,
reiste ich zu Fuß und benötigte
mehrere Tage dazu, denn ich besaß
nichts abgesehen von meinen Händen,
meinem Verstand und einem Traum.
Dem Traum von »einem Weltgeschäft
à la Fugger«, wie ich es als Jugend-
licher nannte. Es war der Traum von
einem Unternehmen, welches durch
ständige Erfindungen und den
unternehmerischen Weitblick dazu
beiträgt, Wissen und Wohlergehen
der Menschheit zu steigern und
welches – das war meine feste
Überzeugung – gerade in dieser
Kombination wirtschaftlich ist. Es
war der Traum von einem Unternehmen, das der doppelten Verantwortung des Unternehmers gerecht
wird, derjenigen gegenüber sich
selbst und seinen Angestellten, und
keiner geringeren als derjenigen
gegenüber der Welt, die ihn umgibt.

Werner von Siemens

Um ein Geschäft erfolgreich zu
führen, braucht ein Mann
Imagination. Er muss die Dinge wie
in einer Vision sehen, wie einen
Traum des Ganzen.

Charles Schwab

Wer nicht an Wunder glaubt, ist kein
Realist.

Arabisches Sprichwort

But the dreamers of the day are
dangerous people, for they may act
their dream with open eyes, and make
it possible.

Thomas E. Lawrence

Federico Fellini	Der einzige wahre Realist ist der Visionär.
George Bernard Shaw	Some men see the present and say »why?« I dream of things that never were and say »why not?«
Carl Schurz	Ideale sind wie Sterne. Wir erreichen sie niemals, aber wie die Seefahrer auf dem Meer richten wir unseren Kurs nach ihnen.
Hermann Simon	Eine gute Vision erwächst aus einer delikaten Balance zwischen Realitätssinn und Utopie. Vision ist das gerade noch Machbare.
Kurt Heine	Wenn man nicht das Unmögliche verlangt, kann man nicht das Mögliche erreichen.
Leo Burnett	When you reach for the stars, you may not quite get one, but you won't come up with a handful of mud either.
Theodor Fontane	Es ist der Sinn der Ideale, dass sie nicht verwirklicht werden können.
Friedrich Hebbel	Wer nach den Sternen reisen will, der sehe sich nicht nach Gesellschaft um.
Anton Bruckner	Wer hohe Türme bauen will, muss lange beim Fundament verweilen.
Hermann Simon	Der Chef muss geistige Vorhut sein.
Augustinus	In dir muss brennen, was du in anderen entzünden willst.

Träume sind aus Wünschen gewebt. **Brasilianische Weisheit**

Wenn das Leben keine Vision hat, **Erich Fromm**
nach der man strebt, nach der man
sich sehnt, die man verwirklichen
möchte, dann gibt es auch kein Motiv,
sich anzustrengen.

Die Vitalität selbst ist das Resultat **Erich Fromm**
einer Vision. Wenn es keine Vision
mehr gibt von etwas Großem,
Schönem, Wichtigem, dann reduziert
sich die Vitalität, und der Mensch
wird lebensschwächer.

Very few people are ambitious in **Judith M. Bardwick**
the sense of having a specific vision
of what they want to achieve. Most
people's sights are only toward the
next run, the next increment of
money.

Die Vorstellungskraft ist die Macht **Wallace Stevens**
des Geistes über die Möglichkeiten
der Dinge.

Unser Maß ist nicht das heute **Kurt A. Körber**
Mögliche. Unser Maß ist die Idee des
künftig Erreichbaren.

Nichts auf der Welt ist so stark wie **Victor Hugo**
eine Idee, deren Zeit gekommen ist.

Für einen Manager ist Weitsicht **Hermann Simon**
besser als Kurzsichtigkeit.

Um klar zu sehen, genügt oft schon **Antoine de Saint-Exupéry**
ein Wechsel der Blickrichtung.

Günther Grotkamp   Visionen sind gefährlich.

Konrad Adenauer   Wir leben zwar alle unter dem gleichen Himmel, aber wir haben nicht alle den gleichen Horizont.

Ziel und Ausdauer

Leo B. Helzel   A goal is a dream with a deadline.

Jean Paul   Das Ziel muss man früher kennen als die Bahn.

Griechisches Sprichwort   Nur wer das Ziel kennt, kann treffen.

Michel de Montaigne   Das menschliche Denken wird sinnlos, wenn es kein bestimmtes Ziel hat.

Arthur Schneider   Nur Richtung ist Realität, das Ziel ist immer eine Fiktion, auch das erreichte – und dieses oft ganz besonders.

Amerikanisches Sprichwort   You become successful the moment you start moving to a worthwhile goal.

Peter F. Drucker   Jede Unternehmung braucht einfache, klare und sie zusammenhaltende Ziele. Diese müssen leicht verständlich und herausfordernd sein, um eine gemeinsame Vision zu begründen.

Hermann Simon   Ziele schaffen Fakten.

If you don't know where you want to go, any path will take you there. **Lewis Caroll**

Die Ressourcen des Unternehmens werden nur dann zielgerichtet eingesetzt, wenn klar ist, wohin die Reise geht. Nur so werden die richtigen Dinge getan, ziehen die Mitarbeiter an einem Strang, agiert das Unternehmen als Einheit. **Hermann Simon**

Manche Leute drücken nur deshalb ein Auge zu, damit sie besser zielen können. **Billy Wilder**

Fanaticism is redoubling your effort when you have forgotten your aim. **George Santayana**

Nachdem wir das Ziel aus den Augen verloren hatten, verdoppelten wir unsere Anstrengungen. **Anonymus**

Wir leben in einer Zeit, in der die Menschen nicht wissen, was sie wollen, aber alles tun, um es zu bekommen. **Donald Marquis**

Ein Mensch, der sich ernsthaft ein Ziel gesetzt hat, wird es auch erreichen. **Benjamin Disraeli**

If you really want something, you'll find a way; if you don't, you'll find an excuse. **Anonymus**

Es gibt viel mehr Leute, die freiwillig aufgeben, als solche, die echt scheitern. **Henry Ford**

Französisches Sprichwort Man kann noch weit gehen, wenn man müde ist.

Johann Heinrich Pestalozzi Jeder muss sich ein Ziel setzen, das er nicht erreichen kann, damit er stets zu ringen und zu streben habe.

Vyacheslav Nikonov Eine Revolution bedarf eines Zieles.

John F. Kennedy Wenn man im Leben mit dem Zweitbesten vorlieb nimmt, dann erreicht man immer nur das Zweitbeste.

Louis Pasteur Ich will euch mein Erfolgsgeheimnis verraten: Meine ganze Kraft ist nichts anderes als Ausdauer.

Charles F. Kettering Niemand hätte jemals den Ozean überquert, wenn er die Möglichkeit gehabt hätte, bei Sturm das Schiff zu verlassen.

Tobias Wolff We are made to persist. That's how we find out who we are.

Calvin Coolidge Nichts auf der Welt geht über Beharrlichkeit. Talent nicht – es wimmelt von gescheiterten Existenzen mit Talent. Genie nicht – das verkannte Genie wurde zum Begriff. Erziehung nicht – allerorten finden sich gut erzogene Versager. Zielstrebigkeit und Ausdauer alleine verbürgen den Erfolg.

Ralph Waldo Emerson Adopt the pace of nature: her secret is patience.

Wer keine Ausdauer hat bei Kleinigkeiten, dem misslingt der große Plan. **Chinesische Weisheit**

Never get discouraged and never quit. Because if you never quit you are never beaten. **Ted Turner**

The race is not always to the swift, but to those who keep on running. **Amerikanisches Sprichwort**

Unsere größte Schwäche liegt im Aufgeben. Der sicherste Weg zum Erfolg ist immer, es doch noch einmal zu versuchen. **Thomas Alva Edison**

Nichts verleitet so leicht zum Aufgeben wie der Erfolg. **Aldous Huxley**

Der Langsamste, der sein Ziel nur nicht aus den Augen verliert, geht noch immer geschwinder, als der ohne Ziel herumirret. **Gotthold Ephraim Lessing**

The secret in success is constancy in purpose. **Benjamin Disraeli**

Miss nie des Berges Höhe, ehe du den Gipfel erreicht hast. Dort wirst du sehen, wie niedrig er ist. **Dag Hammarskjöld**

Das Ziel zählt weniger als der Weg, der zu ihm führt. **Chinesische Weisheit**

Pedanten sind Menschen, für die der Weg wichtiger ist als das Ziel. **Anonymus**

Wer sich am Ziel glaubt, geht zurück. **Lao-tse**

Denis Diderot	Wenn man einen falschen Weg einschlägt, verirrt man sich umso mehr, je schneller man geht.
William Pitt	Wenn ich so viele Dinge erreicht habe, so liegt das daran, dass ich immer nur eine Sache zur gleichen Zeit wollte.
Anonymus	Im Grunde ist ein Diamant auch nur ein Stück Kohle, das die nötige Ausdauer hatte.
Jean Mirabeau	Der Mann wird es weit bringen, denn er glaubt, was er sagt.
Peter F. Drucker	Attaining one's objectives is not cause for celebration, it is cause for new thinking.
Non-reciprocal Law of Expectations	Negative expectations yield negative results. Positive expectations yield positive results.
Hermann Simon	Management by Subjectives? Gegenteil des Management by Objectives! Stark verbreitet!
Theodor Fontane	Courage ist gut, aber Ausdauer ist besser. Ausdauer, das ist die Hauptsache.
Friedrich Hebbel	Das nächste Ziel mit Lust und Freude und aller Kraft zu verfolgen ist der einzige Weg, das fernste zu erreichen.
Gotthold Ephraim Lessing	Nur die Sache ist verloren, die man aufgibt.

Not failure, but low aim is crime. **James Russell Lowell**

Viele sind hartnäckig in Bezug auf **Friedrich Nietzsche**
den einmal eingeschlagenen Weg,
wenige in Bezug auf das Ziel.

Begeisterung ist der nie erlahmende **Norman Vincent Peale**
Impuls, der uns beharrlich unser Ziel
verfolgen lässt.

Fortschritt und Wachstum

Der Fortschritt ist nur die **Oscar Wilde**
Verwirklichung von Utopien.

Fortschritt – das bedeutet, dass wir **Bertrand Russell**
unsere alten Sorgen gegen neue
eintauschen.

Ein großer Teil des inneren **Seneca**
Fortschrittes liegt schon im Willen
zum Fortschritt.

Fortschritt erwächst zu allen Zeiten **Russell W. Davenport**
aus dem Umstand, dass es einige
Männer und Frauen gibt, die glauben,
dass das, was eigentlich getan werden
müsste, auch getan werden könne.

Es gibt keinen Fortschritt ohne eine **Antoine de Saint-Exupéry**
Bejahung des Bestehenden.

Den Fortschritt verdanken die **Aldous Huxley**
Menschen den Unzufriedenen.

Restlessness and discontent are the **Thomas Alva Edison**
first necessities of progress.

Bertrand Russell	Every advance in civilization has been denounced as unnatural while it was recent.
George Bernard Shaw	The reasonable man adapts himself to the world; the unreasonable one persists in trying to adapt the world to himself. Therefore, all progress depends on the unreasonable man.
Herbert G. Wells	Den Fortschritt verdanken wir den Nörglern. Zufriedene Menschen wünschen keine Veränderung.
Richard Schaukal	Unter »Fortschritt« verstehen die meisten – unbewusst – die Unfähigkeit, die Wurzel zu fassen.
Johann Nestroy	Überhaupt hat es der Fortschritt an sich, dass er größer ausschaut als er ist.
Havelock Ellis	What we call »progress« is the exchange of one nuisance with another nuisance.
Franz Grillparzer	Wie groß sind die Fortschritte der Menschheit, wenn wir auf den Punkt sehen, von dem sie ausging, und wie klein, betrachten wir den Punkt, wo sie hin will.
Steven P. Schnaars	True growth markets rise slowly.
Rüdiger Dornbusch	Countries specializing in manufactured goods will enjoy faster growth than those with predominantly service economies.

Da der technische Fortschritt im Prinzip nicht vorhersagbar ist, ist es sinnlos, sein Ende zu prognostizieren.

Joseph Schumpeter

Die Geschichte der Wissenschaft ist die einzige Geschichte, die einen kumulativen Fortschritt des Wissens aufweist, sodass der Fortschritt der Wissenschaft den einzigen Maßstab für den Fortschritt der Menschheit insgesamt bildet.

George Sarton

Der Fortschritt war bisher ganz angenehm, aber er hat zu lange gedauert.

Heik Afheldt

There is no such thing as standing still.

Thomas J. Watson

Companies don't get flat. They either grow or decline.

Henry B. Schacht

Jeder Schritt führt näher zum Ziel. Dies gilt auch für Rückschritte.

Ernst Jünger

If it's not growing, it's going to die.

Michael Eisner

Wenn eine Tätigkeit nicht täglich zunimmt, geht sie täglich zurück.

Chinesische Weisheit

Wer stehen bleibt, steht im Weg.

Irina Schade

Um jung zu bleiben, muss ein Unternehmen wachsen.

Reinhold Würth

Ich bin bereit, überall hinzugehen, vorausgesetzt, der Weg führt vorwärts.

David Livingstone

John Rutledge Fortune 500 companies have shrunk by over one million workers while nonmanufacturing sectors dominated by small entrepreneurial companies have added more than 9 million workers in the 1980s.

Hermann Simon Anders als Wachstum haben Schrumpfung und Personalabbau eine natürliche Grenze. Sie können deshalb niemals langfristige Ziele sein.

Hermann Simon Warum wachsen wir? Weil wir nicht anders können.

Oscar Wilde Fortschritt ist die Verwirklichung von Ideen.

Samuel Butler All progress is based upon a universal innate desire on the part of every organism to live beyond its income.

Friedrich Hebbel Die Krankheiten, die das Wachstum der Menschheit bezeichnen, nennt man Revolutionen.

Erfolg und Pech

Erfolg

Leopold von Ranke Nichts ist überzeugender als Erfolg.

Theodor Fontane Am Mut hängt der Erfolg.

Gustave Flaubert Erfolg ist das Ergebnis, er darf nicht das Ziel sein.

Erfolg: Triumph des Einfalls über den Zufall. **Lothar Schmidt**

Ein Geheimnis des Erfolges ist, den Standpunkt des anderen zu verstehen. **Henry Ford**

Erfolg hat nur, wer etwas tut, während er auf den Erfolg wartet. **Thomas Alva Edison**

Für Optimisten ist das Leben kein Problem, sondern bereits die Lösung. **Marcel Pagnol**

Ich habe niemals an Erfolg geglaubt. Ich habe dafür gearbeitet. **Estée Lauder**

The very first step towards success in any occupation is to become interested in it. **William Osler**

Über Nacht berühmt wird man nur dann, wenn man über Tag gearbeitet hat. **Howard Carpendale**

Erfolg ist eine Reise, kein Bestimmungsort. **Ben Sweetland**

Erfolg ist die Kunst, unbemerkt Fehler zu machen. **Anonymus**

Wer Erfolg haben will, darf keine Angst haben, Fehler zu machen. **Frank Tyger**

Erfolg ist das Letzte, was einem vergeben wird. **Truman Capote**

Unzufriedenheit ist der erste Schritt zum Erfolg. **Oscar Wilde**

John Foster Dulles The measure of success is not whether you have a problem tough to deal with, but whether it's the same problem you had last year.

Robert A. Lutz The ultimate key to success in business is truly understanding complex situations.

Arthur Phelps Man kann keinen schlechteren Gebrauch von seinem Erfolg machen, als sich damit zu brüsten.

Marie von Ebner-Eschenbach Das Dümmste, was man mit seinem Erfolg anstellen kann, ist, sich dessen zu rühmen.

Albert Einstein Wenn A für Erfolg steht, gilt die Formel A = X+Y+Z. X ist Arbeit, Y ist Muße und Z heißt Mundhalten.

George S. Patton The test of success is not what you do when you are on top. Success is how high you bounce when you hit the bottom.

Theodore Levitt The highest form of achievement is always art, never science.

Leo B. Helzel The time to start is when things are going well.

Roger Foster It's just when you are most successful you are most vulnerable.

Bill Gates We're scared all the time. We're always saying: »Is this the day we've reached our peak?«

The perpetuation of an unusual success or the maintenance of an unusually high standard of leadership in any industry is sometimes more difficult than the attainment of that success or leadership in the first place. This is the greatest challenge to be met by the leader of an industry.

Alfred Sloan

The only company that continues to enjoy success is the company that keeps struggling to achieve it.

Roberto C. Goizueta

Solange wir Angst haben, dass unser Erfolg bald aufhört, besitzen wir eine wichtige Voraussetzung für weiteren Erfolg.

Hermann Simon

In jedem Beruf ist der erste Schritt zum Erfolg, sich dafür zu interessieren.

William Osler

Erfolgreiche steigen nicht auf, weil sie dort oben hin wollen, sondern weil sie unten weg wollen.

Hermann Simon

Der Weg zum Erfolg führt bergauf. Versucht deshalb nicht, Geschwindigkeitsrekorde aufzustellen.

Arthur Phelps

Die Kühle ist das Klima des Erfolges. Am meisten erreicht man auf kaltem Wege.

George F. Kennan

Nur Schurken sind vom Erfolg überzeugt. Deswegen haben sie Erfolg.

Charles Baudelaire

Max Frisch	Erfolg verändert den Menschen nicht. Er entlarvt ihn.
Calvin Coolidge	Zuhören können ist der halbe Erfolg.
Otto von Bismarck	Erfolgsregel: Ich jage nie zwei Hasen auf einmal.
Erhard Blanck	Erfolg wird immer ohne »h« geschrieben.
R. C. Bromley	Small may be beautiful, but it takes more than beauty to ensure success.
Norman R. Augustine	Es gibt viele sehr erfolgreiche Unternehmen. Es gibt auch viele hoch bezahlte Führungskräfte. Es kommt darauf an, die beiden nicht miteinander in Verbindung zu bringen.
Otto Preminger	Das schönste Nebenprodukt des Erfolges ist die Unabhängigkeit. Niemand kann einen Erfolgreichen zwingen, etwas zu tun, was er nicht mag.
Coco Chanel	You see, that's what fame is: solitude.
Napoleon Bonaparte	Die Kunst, gleichzeitig wagemutig und klug zu sein, ist die Kunst des Erfolges.
Henry Miller	Wenn man im Leben keinen Erfolg hat, braucht man sich deshalb nicht ohne weiteres für einen Idealisten zu halten.
George Soros	Gute Investitionen sind langweilig.

Success is going from failure without
losing enthusiasm.

Winston Churchill

Zusammenkommen ist der Anfang.
Zusammenarbeiten ist der Erfolg.

Henry Ford

Glück

Glück ist meistens nur ein
Sammelbegriff für Tüchtigkeit,
Klugheit, Fleiß und Beharrlichkeit.

Charles F. Kettering

Die Erwartung des Glücks ist größer
als das Glück.

Christoph Peters

Glück ist Selbstgenügsamkeit.

Aristoteles

Das Glück gehört den Genügsamen.

Aristoteles

Verständig zu sein ist der Hauptteil
des Glücks.

Sophokles

Das größte Glück ist die
Persönlichkeit.

Johann Wolfgang von Goethe

Wer glücklich ist, fühlt; wer
unglücklich ist, denkt.

Joachim Fernau

Das Glück ist keine leichte Sache. Es
ist schwer, es in uns selbst, und
unmöglich, es anderswo zu finden.

Nicolas Chamfort

Es ist ein ungeheures Glück, wenn
man fähig ist, sich freuen zu können.

George Bernhard Shaw

Glück ist ein Abfallprodukt des
Strebens nach Vollendung.

**Richard von
Coudenhove-Kalergi**

Seneca	Niemals wirst du glücklich sein, wenn es dich quält, dass ein anderer glücklicher ist.
Charles F. Kettering	Bekommen, was man sich wünscht, ist Erfolg. Sich wünschen, was man bekommen kann, ist Glück.
Ernst Warlach	Glück hoffen und Glück wollen ist schon Glück!
Thomas Jefferson	I'm a great believer in luck, and I find the harder I work the more I have of it.
Paul Ernst	Im Glück schwimmt immer ein Tropfen Wehmut.
Pearl S. Buck	Viele Menschen versäumen das kleine Glück, während sie auf das große vergeblich warten.
Charles Kingsley	Um wirklich glücklich zu sein, brauchen wir etwas, wofür wir uns begeistern können.
Manfred Eigen	Man ist auf Glück angewiesen – aber man muss es auch erkennen.
Darius Milhaud	Der große Erfolg ist oft nur ein glückliches Missverständnis.
Salvador Dalí	Wer möchte nicht lieber durch Glück dümmer als durch Schaden klug werden?
Hermann Lübbe	Es gerät dem Menschen zum Unglück, wenn er das Glück intendiert.

Glück ist, wenn man zusieht, wie die Zeit vergeht, und hofft, dass sie für einen arbeitet.

Werner Finck

Glück entsteht oft durch Aufmerksamkeit in kleinen Dingen, Unglück oft durch Vernachlässigung kleiner Dinge.

Wilhelm Busch

Mir kommt es immer vor, dass die Art, wie man die Ereignisse des Lebens nimmt, ebenso wichtigen Anteil an unserem Glück und Unglück hätte, als diese Ereignisse selbst.

Wilhelm von Humboldt

Viele suchen ihr Glück, wie sie einen Hut suchen, den sie auf dem Kopf tragen.

Nikolaus Lenau

Glücklich, wer mit den Verhältnissen zu brechen versteht, ehe sie ihn gebrochen haben!

Franz Liszt

Die Hoffnung ist eine viel größere Stimulierung des Lebens als irgendein Glück.

Friedrich Nietzsche

Mut, das ist ganz sicher, gehört am notwendigsten von allen menschlichen Eigenschaften zum Glück.

Johann Heinrich Pestalozzi

Zufall

Es gibt wohl einen Zufall, aber viele Zufälle der selben Art sind keine.

Jean Paul

Hetty Green Was als glücklicher Zufall erscheint, beruht meist auf nüchterner Analyse und konsequentem Handeln.

Plautus Im Menschenleben ist es wie im Würfelspiel: Fällt auch der Wurf nicht so, wie du ihn brauchst, so muss die Kunst verbessern, was der Zufall bot.

Novalis Auch der Zufall ist nicht unergründlich – er hat seine Regelmäßigkeit.

Demokrit Die Menschen haben sich im Zufall ein Trugbild geschaffen, eine Ausrede für ihre eigene Torheit.

The Unspeakable Law As soon as you mention something ... ... if it is good, it goes away, ... if it is bad, it happens.

Law of Selective Gravity An object will fall so as to do the most damage.

Jennings Corollary The chance of the bread falling with the buttered side down is directly proportional to the value of the carpet.

Voltaire Zufall ist ein Wort ohne Sinn; nichts kann ohne Ursachen existieren.

Theodor Fontane Zufall ist der gebrechlichste Deckname des Schicksals.

Blaise Pascal Der Zufall trifft den Vorbereiteten.

Heinrich Deborré Zufall ist, wenn die Tür zufällt.

Zufall ist der Spitzname für die Vorsehung. **Nicolas Chamfort**

Pech

Alles, was schief gehen kann, geht schief. **Murphys Gesetz**

Murphy war ein Optimist. **Ergänzung zu Murphys Gesetz**

Unsere Fehlschläge sind lehrreicher als unsere Erfolge. **Henry Ford**

Der Erfolg hat viele Väter. Der Misserfolg ist eine Waise. **Sprichwort**

Wenn man im Leben keinen Erfolg hat, braucht man sich deshalb nicht ohne weiteres für einen Idealisten zu halten. **Henry Miller**

Es gibt keine geborenen Gewinner oder Verlierer. Entweder man lernt zu gewinnen oder lernt es nicht, das heißt man verliert. **Edwin L. Artzt**

Sein Misserfolg ist ihm in den Kopf gestiegen. **Hermann Simon**

Die meisten Fehler machen Unternehmen, wenn es ihnen gut geht, nicht wenn es ihnen schlecht geht. **Alfred Herrhausen**

I cannot give you a formula for success but I can give you a formula for failure. Try to please everybody. **Herbert Swope**

Otto Stoessl Man muss verstehen, die Früchte seiner Niederlagen zu ernten.

Edward Simmons The difference between failure and success is doing a thing nearly right and doing the thing exactly right.

Gerhard Neumann Niemand ist völlig nutzlos, er kann immer noch als schlechtes Beispiel dienen.

Gerhard Neumann Ein guter Verlierer ist trotzdem ein Verlierer.

Hermann Simon Wer heute der Superstar ist, hat beste Chancen, morgen tief zu fallen.

Mike Todd I've never been poor, only broke. Being poor is a frame of mind. Being broke is only a temporary situation.

Thomas Alva Edison Show me a thoroughly satisfied man and I will show you a failure.

Kurt Kluge Der Weg zur Hölle ist mit guten Vorsätzen gepflastert.

Samuel Butler There are two great rules of life, the one general and the other particular. The first is everyone can, in the end, get what he wants if he only tries. This is the general rule. The particular rule is that every individual is, more or less, an exception to the general rule.

Anonymus The two hardest things to handle in life are failure and success.

Wenn man als Manager erfolgreich erscheinen will, muss man sich mit einigen Verlierern umgeben.

Bernd Rohrbach

Those whom the gods want to fail, give them 20 or 25 years of success.

Warren Bennis

Wenn eine Unternehmung in Rankings an der Spitze auftaucht, so ist dies ein guter Indikator für kommende Probleme.

Hermann Simon

In 1982 the runaway bestseller »In search of excellence« described 43 of the best-run corporations in America. Two years later, 14 of them – virtually 30 Prozent – were in serious financial trouble.

Fortune Magazine

Viele erkennen zu spät, dass man auf der Leiter des Erfolgs nur einige Stufen überspringen kann. Aber immer nur beim Hinuntersteigen.

William Somerset Maugham

Da er überall versagte, blieb nichts anderes übrig, als ihn ständig zu befördern.

Hermann Simon

Jeder Fehler erscheint unglaublich dumm, wenn andere ihn begehen.

Georg Christoph Lichtenberg

Reiche des Geistes

Zu Beginn des 21. Jahrhunderts scheint sich der Spruch von Winston Churchill zu bewahrheiten, dass die Reiche der Zukunft Reiche des Geistes sind. Zumindest gilt dies für die Welt der Wirtschaft. Die am höchsten bewerteten Unternehmen finden sich immer häufiger in nichtmateriellen Industrien, haben keine großen Fabriken oder sonstige sichtbare Anlagegüter, sondern erzeugen Software, verfügen über Zugänge zu Millionen von Kunden via Internet, sammeln und verkaufen Wissen. Und selbst in Branchen, die scheinbar noch Produkte offerieren, erweisen sich die Erzeugnisse als miniaturisierte Träger hochverdichteten Wissens wie etwa in der Pharma- oder der Halbleiterindustrie.

Natürlich waren Geist und Intelligenz immer unverzichtbar, um im Wettbewerb oder der Politik erfolgreich zu sein. Doch ihre Bedeutung steigt, je höher der Wissensgehalt ist, je stärker Forschung und Entwicklung zu Kernkompetenzen heranwachsen, je mehr die Mitarbeiterqualifikation zum Erfolgsfaktor wird.

Wissenschaft ist Suche nach Wahrheit. Nicht zufällig lautet das Motto der Harvard-Universität »Veritas«. Wahrheit, Ehrlichkeit, Zuverlässigkeit und das darauf aufbauende Vertrauen gehören zu den Grundfesten dauerhaft erfolgreichen Wirtschaftens. In meinem Unternehmen haben wir »Ehrlichkeit« zum obersten Prinzip erhoben. Auch wenn die Einhaltung dieses Prinzips nicht immer einfach ist (das gilt nach innen wie nach außen) und sicher nicht vollends gelingt, wird das Leben auf diese Weise sehr vereinfacht. Wahrheit und Ehrlichkeit erweisen sich als extrem praktisch und kostensparend. Lügen ist demgegenüber äußerst kompliziert, belastend, führt zu Verstrickungen – nach Abraham Lincoln reicht das Gedächtnis einfach nicht aus, Lügengebäude konsistent aufrechtzuerhalten.

Von Wissen und Verstand führt unser Weg zum Genie. Mit Erstaunen stellen wir fest, dass die Großen der Geschichte den Genius zuvorderst als Geduld, Ausdauer, Perspiration, harte Arbeit ansehen. Stimmt das oder treiben die Berühmten hier bewusstes Understatement? Mehr als die von Thomas Alva Edison geschätzten ein Prozent Inspiration dürften schon vonnöten sein, um große Dinge zustande zu bringen. Zweifel kommen auch beim Wissen auf. Viele unserer Aphorismen sehen das Wissen um das Nichtwissen als besonders wertvoll an. Das sollten wir getrost als vornehme Umschreibung dafür verstehen, dass nur der wirklich Wissende die Grenzen des Wissens erkennt und beurteilen kann. Und es klingt dabei die Botschaft mit, dass Wissen nie endgültig, sondern immer vorläufig ist. Oder sagen wir es mit folgender Metapher: die Tragödie von Wissenschaft – das Erschlagen einer schönen Hypothese durch eine hässliche Tatsache.

Wissen wird durch Lernen erworben. Es erstaunt uns, wie wenig sich die Ziele und die Mühen des Lernens seit der Antike geändert haben. Die Weisheiten von Sokrates, Aristoteles, Aischylos und Seneca gelten uneingeschränkt. Jedoch kommen in unserer Zeit schnellen Wandels und Erkenntnisfortschritts neue Aspekte hinzu, »Entlernen«, das Vergessen veralteten Wissens, ist ein solcher, und auch, dass nicht nur der Einzelne ständig lernen muss, sondern dass es »lernende Organisationen« gibt. Kann eine Organisation wirklich lernen oder hat diese Fähigkeit nur der einzelne Mensch? Führungskräfte jedenfalls werden zunehmend, ob sie es wollen oder nicht, als Lehrer und Erzieher gefordert. Warren Bennis bringt dies mit dem Statement »People in authority must be educators« auf den Punkt. Es ist lehrreich, sich mit den Sprüchen zum Lehren und auch zum Lesen auseinander zu setzen. Trotz Internet und Multimedia wird Lesen in der modernen Gesellschaft eine Schlüsselfähigkeit bleiben. Es besteht allerdings das Risiko, dass sich die Gesellschaft in diejenigen, die lesen, und solche, die das nicht tun, spaltet. In Amerika ist dieser Prozess bereits weit fortgeschritten. Als Folge könnte eine neue Klassengesellschaft entstehen: Wissende und Nichtwissende.

Geist und Wahrheit

Geist und Intelligenz

Die Reiche der Zukunft sind Reiche des Geistes.

Winston Churchill

Alle Weisheit beginnt mit der Erkenntnis der Tatsachen.

Cicero

Klug fragen können ist die halbe Wahrheit.

Francis Bacon

Fragen sind der Weisheit Anfang.

René Descartes

Der beste Beweis für Geist und Wissen ist Klarheit.

Petrarca

Wenn man eine Sache mit Klarheit zu behandeln vermag, ist man auch zu vielen anderen Dingen tauglich.

Johann Wolfgang von Goethe

Intelligenz ist die Fähigkeit, seine Umgebung zu akzeptieren.

William Faulkner

Neben der edlen Kunst, Dinge zu verrichten, gibt es die edle Kunst, Dinge unverrichtet zu lassen, die Weisheit.

Anonymus

Dem Geist sind keine Grenzen gesetzt, außer jenen, die wir selbst anerkennen.

Napoleon Hill

Gewisse Dinge verstehe ich nicht mehr, sobald ich sie begriffen habe.

Karl Heinrich Waggerl

Geist ist die Jugend des Alters.

Emmanuel Wertheimer

Émile Picard Intelligenz ist jene Eigenschaft des Geistes, dank derer wir schließlich begreifen, dass alles unbegreiflich ist.

Paul-Henri Spaak Die Dummheit ist die sonderbarste aller Krankheiten. Der Kranke leidet niemals unter ihr. Aber die anderen.

Lytton Strachey Perhaps the best test of a man's intelligence is his capacity to make a summary.

Antoine de Saint-Exupéry Die Intelligenz verdirbt den Sinn für das Wesentliche.

aus Abessinien Intelligenz ist besser als Wissenschaft.

Moritz Heimann Nichts lehrt sich so leicht wie der Luxus des Geistes.

Ludwig Börne Ein Mann von Geist wird nie etwas Dummes sagen, er wird auch nie etwas Dummes hören.

William James The art of being wise is the art of knowing what to overlook.

Albert Einstein Der Intellekt hat ein scharfes Auge für Methoden und Werkzeuge, aber er ist blind gegen Ziele und Werte.

Daniel C. Dennett Brains are, in essence, anticipation machines.

Edward R. Murrow Viele Leute glauben, dass sie denken, während sie in Wirklichkeit nur ihre Vorurteile umschaufeln.

Eine Maschine kann die Arbeit von
fünfzig gewöhnlichen Menschen
leisten, aber sie kann nicht einen
einzigen außergewöhnlichen
ersetzen.

Elbert Hubbard

Der Mensch ist eine in der
Knechtschaft seiner Organe lebende
Intelligenz.

Aldous Huxley

In den Momenten stärkster geistiger
Anspannung sieht der Mensch
keineswegs geistreich, vielmehr
schafsdumm aus.

Arnold Mendelssohn

Das Charakteristikum der Intelligenz
ist Ungewissheit. Tasten ist ihr
Werkzeug.

Henry de Montherlant

Intelligenz heißt, gerade genug, aber
nicht zu viel an sich zu zweifeln.

Hermann Simon

Dümmer zu scheinen, als man ist –
darin besteht die bäuerliche Taktik.
Beim Städter ist es umgekehrt.

Thomas Niederreuther

Akademische Bildung verringert
nicht die Neigung zu
Vernunftwidrigkeiten, sondern
potenziert sie.

Manfred Rommel

Die Intelligenz ist ein Heerführer, der
immer zu spät in die Schlacht kommt
und nach der Schlacht diskutiert.

Léon-Paul Fargue

Mittelmäßige Geister verurteilen
gewöhnlich alles, was über ihren
Horizont geht.

François La Rochefoucauld

Michel de Montaigne	Philosophieren heißt zweifeln.
Hans Kasper	Halbdenker haben naturgemäß viel Zeit zum Sprechen.
Günter Weisenborn	Denken ist die schwerste Arbeit, die es gibt. Darum ist sie bei vielen Menschen so unbeliebt.
Bertrand Russell	Das Ärgerliche in dieser Welt ist, dass die Dummen todsicher und die Intelligenten voller Zweifel sind.
Athenäum-Fragmente	Es ist gleich tödlich für den Geist, ein System zu haben und keins zu haben. Er wird sich also wohl entschließen müssen, beides zu verbinden.
Alexandre Dumas	Alle Verallgemeinerungen sind gefährlich, sogar diese.
Marie von Ebner-Eschenbach	Nur der Denkende erlebt sein Leben, am Gedankenlosen zieht es vorbei.

Wahrheit

Deutsches Sprichwort	Die Wahrheit ist der Zeit Tochter.
Friedrich von Schiller	So gewiss die Sonne morgen wiederkehrt in ihrer Klarheit, so unausbleiblich kommt der Tag der Wahrheit.
Mark Twain	Im Zweifelsfalle sprich die Wahrheit.
Max Planck	Die Wahrheit triumphiert nie; ihre Gegner sterben nur aus.

Nicht in den Worten suche die Wahrheit, sondern in den Augen. **aus China**

Um zur Wahrheit zu gelangen, sollte jeder die Meinung seines Gegners zu verteidigen suchen. **Jean Paul**

Simplex sigillum veri. Schlichtheit ist das Siegel des Wahren. **Lateinisches Sprichwort**

Jeder klar ausgesprochene Gedanke trägt den Stempel der Wahrheit oder des Irrtums. **Walther Rathenau**

The truth is rarely pure, and never simple. **Oscar Wilde**

Wahre Worte sind nicht schön. Schöne Worte sind nicht wahr. **Lao-tse**

Das ist das Unglück der Könige, dass sie die Wahrheit nicht hören wollen. **Johann Jacoby**

Die Fürsten hätten sich und ihren Völkern viel Unglück ersparen können, wenn sie die Hofnarren nicht abgeschafft hätten. Seit die Wahrheit nicht mehr sprechen darf, handelt sie. **Ludwig Börne**

Wer die Wahrheit liebt, will sie sehen. Wer sie fürchtet, hat sie gesehen. **Hans Kudszus**

Keines Menschen Gedächtnis ist so gut, dass er ständig erfolgreich lügen könnte. **Abraham Lincoln**

Die Wahrheit ist nur der zweckmäßigste Irrtum. **Hans Reichinger**

Georg Christoph Lichtenberg Es ist fast unmöglich, die Fackel der Wahrheit durch das Gedränge zu tragen, ohne jemandem den Bart zu sengen.

Pablo Picasso Art is not truth, art is a lie that makes us realize the truth.

Johann Wolfgang von Goethe Einer neuen Wahrheit ist nichts schädlicher als ein alter Irrtum.

Frank Lloyd Wright The truth is more important than the facts.

Maiers Law If the facts do not conform to the theory, they must be disposed of.

Emile Zola La vérité est en marche et rien ne l'arretêra.

Dag Hammarskjöld Die Wahrheit ist so einfach, dass sie als anspruchsvolle Banalität erscheint. Und doch wird sie im Handeln ständig verleugnet.

Novalis Wer die Wahrheit verrät, verrät sich selbst. Es ist hier nicht die Rede vom Lügen, sondern vom Handeln gegen Überzeugung.

Georg Christoph Lichtenberg Nicht die Lügen, sondern die sehr feinen falschen Bemerkungen sind es, die die Läuterung der Wahrheit aufhalten.

Hermann Simon Klingt etwas zu schön, um wahr zu sein, dann ist es meistens auch nicht wahr.

Eine halbe Wahrheit ist nie die Hälfte einer ganzen.

Karl Heinrich Waggerl

Wird die Wahrheit frisiert, muss sie Haare lassen.

Hans Kasper

Wahrheit ist die Übereinstimmung zwischen Denken und Sein.

Thomas von Aquin

Vom Wahrsagen lässt sich's wohl leben in der Welt, aber nicht vom Wahrheitsagen.

Georg Christoph Lichtenberg

Eine Wahrheit kann erst wirken, wenn der Empfänger für sie reif ist.

Christian Morgenstern

Im Gebirge der Wahrheit kletterst du nie umsonst: entweder du kommst schon heute weiter hinauf oder du übst deine Kräfte, um morgen höher steigen zu können.

Friedrich Nietzsche

There is no such source of error as the pursuit of absolute truth.

Samuel Butler

Geschmack

Geschmack ist eine weibliche Form des Genius.

Edward Fitzgerald

Geschmack ist das Taktgefühl des Geistes.

Stanislas Jean de Boufflers

Taste is the common sense of genius.

François de Chateaubriand

Der Stil ist die Physiognomie des Geistes.

Arthur Schopenhauer

Simon-Théodore Jouffroy	Man muss viel Geschmack haben, um dem seines Zeitalters zu entgehen.
Toni Meissner	Bekanntlich fühlen sich die wenigsten Menschen in puncto Intelligenz und Geschmack zu kurz gekommen. Nur eine Minderheit zweifelt, und paradoxerweise gerade die, die am wenigsten Grund dazu hätte.
Hermann Simon	Geschmack ist noch weniger verbreitet als Intelligenz. Und noch eine Gemeinsamkeit: Wie ein Dummer nicht weiß, dass er dumm ist, so merkt einer ohne Geschmack nicht, dass ihm dieser fehlt.
Georg Christoph Lichtenberg	Einen schlechten Geschmack kann niemand haben, aber gar keinen haben manche Leute.

Genie und Talent

Thomas Alva Edison	Genius is one percent inspiration and ninety-nine percent perspiration.
Georg Christoph Lichtenberg	Ein großes Genie wird selten seine Entdeckungen auf der Bahn anderer machen.
Luc Clapiers de Vauvenargues	Das Genie kann man nicht nachahmen.
Hugo von Hofmannsthal	Das Genie bringt Übereinstimmungen hervor zwischen der Welt, in der es lebt, und der Welt, die in ihm lebt.

Das Genie ist der Melancholie **Aristoteles**
verwandt.

Ich glaube, dass es Instinkt ist, was **Bob Dylan**
das Genie genial macht.

Wer dem Licht entgegengeht, sieht **Erhard Blanck**
seinen Schatten nicht.

Das Durchschnittliche gibt der Welt **Oscar Wilde**
ihren Bestand, das Außergewöhn-
liche ihren Wert.

Genius ist ewige Geduld. **Michelangelo**

Genie ist nichts als eine bedeutende **Georges Louis de Buffon**
Anlage zur Geduld.

Genius begins great works; labor **John Dryden**
alone finishes them.

Der Genius weist den Weg, das Talent **Marie von Ebner-Eschenbach**
geht ihn.

Das Genie entdeckt die Frage, das **Karl Heinrich Waggerl**
Talent beantwortet sie.

Was Talent genannt wird, ist nichts **Ernest Hemingway**
anderes als fortgesetzte harte Arbeit,
die richtig gemacht wird.

Die Kritik ist eine Steuer, die der **Gaston de Lévis**
Neid dem Talent auferlegt.

Mit einem Talent mehr steht man oft **Friedrich Nietzsche**
unsicherer als mit einem weniger: wie
der Tisch besser auf drei als auf vier
Füßen steht.

Anatole France Talent ist nur große Geduld.

Novalis Verstand ist mechanischer, Witz ist chemischer, Genie ist organischer Geist.

Johann Wolfgang von Goethe Ein wirklich großes Talent ist nicht irrezuleiten.

Anonymus The difference between genius and stupidity is that genius has its limits.

Gerhart Hauptmann Es gibt ein Genie der Oberflächlichkeit.

George Moore Wenn wir Genies wollen, müssen wir uns mit ihrer Unbequemlichkeit abfinden, und das ist etwas, was die Welt nie tun wird. Sie wünscht sich Genies, will aber, dass sie sich genau wie der Durchschnitt benehmen.

Robert Musil Nicht das Genie ist 100 Jahre seiner Zeit voraus, sondern der Durchschnittsmensch ist um 100 Jahre hinter ihr zurück.

Hyman Rickover Great minds discuss ideas, average minds discuss events, small minds discuss people.

Michael Le Boeuf Oft sind die Menschen, die ihnen weiterhelfen können, an einem oder wenigen Orten konzentriert.

José Ortega y Gasset Was die Völker groß macht, sind in erster Linie nicht ihre großen Männer. Es ist die Höhe des Mittelmäßigen.

Wo ein Genie auftaucht, verbrüdern
sich die Dummköpfe.

Jonathan Swift

Die Probleme des ptolemäischen
Systems, die Theorie mit den
Beobachtungsergebnissen in
Einklang zu bringen, kümmerte
Nikolaus Kopernikus nicht.
Eigentlich war Kopernikus gar kein
richtiger Astronom.

James Trefil

Warum brechen manche Köpfe nicht
zusammen, obwohl in ihnen ein
Vakuum herrscht? Die einzige
Erklärung besteht darin, dass um sie
herum ebenfalls geistige Leere
besteht.

Hermann Simon

Der Gescheitere gibt nach! Ein
unsterbliches Wort. Es begründet die
Weltherrschaft der Dummheit.

Marie von Ebner-Eschenbach

Es darf so mancher Talentlose von
dem Werk so manches Talentvollen
sagen: Wenn ich das machen könnte,
würde ich es besser machen.

Marie von Ebner-Eschenbach

Es bildet ein Talent sich in der Stille,
sich ein Charakter als durch das, was
sie lächerlich finden.

Johann Wolfgang von Goethe

Je weniger im Kopf ist, desto größer
muss die Aktentasche sein.

Hermann Simon

Weise erdenken die neuen Gedanken,
und Narren verbreiten sie.

Heinrich Heine

Wissen, Wissenschaft, Verstand

Ludwig Wittgenstein Wenn sich eine Frage überhaupt stellen lässt, so kann sie auch beantwortet werden.

Hugo von Hofmannsthal Wissen ist wenig; im rechten Bezug zu wissen ist viel, im rechten Punkt zu wissen ist alles.

Johann Wolfgang von Goethe Wissen: das Bedeutende der Erfahrung, das immer ins Allgemeine verweist.

Cato Das Wissen hat bittere Wurzeln, aber seine Früchte sind süß.

Blaise Pascal Es ist weitaus besser, etwas über alles zu wissen, als alles über eine Sache zu wissen. Universalität ist am besten.

Marie von Ebner-Eschenbach Wer nichts weiß, muss alles glauben.

Johann Wolfgang von Goethe Wissenschaften entfernen sich im Ganzen immer vom Leben und kehren nur durch einen Umweg wieder zurück.

Antoine de Saint-Exupéry Die Wissenschaft ist die Voraussicht von Wiederholung.

Stephen W. Hawking There are grounds for cautious optimism that we may now be near the end of the search for the ultimate laws of nature.

Die Wissenschaft fängt eigentlich erst da an, interessant zu werden, wo sie aufhört.

Justus von Liebig

Alles Gescheite ist schon gedacht worden, man muss nur versuchen, es noch einmal zu denken.

Johann Wolfgang von Goethe

Research work is usually extensive, built up over years. It develops and expands the knowledge and capacities that makes the insight possible.

D. B. Wallace – H. E. Kruwer

Die Tragödie der Wissenschaft – das Erschlagen einer schönen Hypothese durch eine hässliche Tatsache.

Thomas Henry Huxley

The well-bred contradict other people. The wise contradict themselves.

Oscar Wilde

Die Wissenschaft von heute ist der Irrtum von morgen.

Jakob von Uexküll

Physics, as we know it, will be over in six months.

Stephen W. Hawking zitiert Max Born

Praxis ohne Theorie ist blind, Theorie ohne Praxis unfruchtbar.

John Desmond Bernal

Information is the best investment.

Time Magazine

Information ist nur, was verstanden wird.

Carl Friedrich von Weizsäcker

There is more information available than there are things to know.

Robert Stone

Warren Bennis   We seem to collect information because we have the ability to do so.

Robert J. Dolan   We can get information from books but real knowledge must come from those in whom it resides.

Thomas Davenport   Today, in fact, the information-based organization is largely a fantasy.

Heik Afheldt   Wir messen, wenn wir ein Unternehmen bewerten, immer noch bis aufs i-Tüpfelchen die Anlage-güter. Aber was an Wissen, an Innovationspotenzial, an Motivation in einem Unternehmen steckt, ist für die Zukunft viel entscheidender.

Isaac Newton   Was wir wissen, ist ein Tropfen; was wir nicht wissen, ein Ozean.

Lao-tse   Zu wissen, was man nicht weiß, ist der beste Teil des Wissens.

Friedrich Schlegel   Je mehr man schon weiß, desto mehr hat man noch zu lernen. Mit dem Wissen nimmt das Nichtsein in gleichem Grade zu oder vielmehr das Wissen des Nichtwissens.

aus Persien   Unwissenheit ist der schlimmste Fehler.

Benjamin Franklin   Eine Investition in Wissen bringt immer noch die besten Zinsen.

Erwin Chargaff   Je mehr wir wissen, umso weniger wissen wir.

Knowledge is the only instrument of production that is not subject to diminishing returns.

John Maurice Clark

Alles auf dieser Welt kann man rückgängig machen, bloß nicht das Wissen.

Alberto Moravia

Science is nothing but trained and organized common sense.

Thomas Henry Huxley

It is on the knowledge of the heart and of the instinct that reason must establish itself and create the foundation for all its discourse.

Blaise Pascal

Wissenschaftler ist jemand, dessen Einsichten größer sind als seine Wirkungsmöglichkeiten. Gegenteil: Politiker.

Helmar Nahr

Wissenschaft ist ein Friedhof toter Ideen.

Miguel de Unamuno

There is nothing as practical as a good theory.

Kurt Lewin

Soziologie ist die Kunst, eine Sache, die jeder versteht und die jeden interessiert, so auszudrücken, dass sie keiner mehr versteht und sie keinen mehr interessiert.

Hans-Joachim Schoeps

Psychoanalyse ist mehr Leidenschaft als eine Wissenschaft.

Karl Kraus

Die Praxis manchen Arztes sollte man lieber Theorie nennen.

Erhard Blanck

Johann Wolfgang von Goethe	Die Deutschen, und sie nicht allein, besitzen die Gabe, die Wissenschaften unzugänglich zu machen.
Ella Wheeler Wilcox	Wer ein Buch zusammenstellt mit hilfreicher Weisheit, erdacht von anderen Köpfen, leistet der Menschheit einen größeren Dienst als der Verfasser eines Epos der Verzweiflung.
Wilson Mizner	If you steal from one author it's plagiarism; if you steel from many it's research.
The Wall Street Journal	The greatest threat of academia today is overproduction of publications.
Richard Schaukal	Jeder Mensch, der eine so genannte Wissenschaft oder eine Berufstätigkeit betreibt, ohne dass sie ihm jemals nichtig scheinen könnte, ist unbedingt dumm.
Immanuel Kant	Habe Mut, dich deines eigenen Verstandes zu bedienen.
Hugo von Hofmannsthal	Die gefährlichste Sorte von Dummheit ist ein scharfer Verstand.
François La Rochefoucauld	Der gesunde Menschenverstand ist für den Geist, was die Anmut für den Körper ist.
Jean Paul	Dass Verstand erst mit den Jahren kommt, sieht man nicht eher ein, als bis der Verstand und die Jahre da sind.

Wer Wissen weggibt, behält es trotzdem.	**Hermann Simon**
Der Glaube an Vorurteile gilt in der Welt als gesunder Menschenverstand.	**Claude-Adrien Helvétius**
Er hat es in der Ignoranz am weitesten gebracht.	**Ernst von Feuchtersleben**
Der gesunde Pferdeverstand hält die Pferde davon ab, auf Menschen zu setzen.	**W. C. Fields**
Fürs Leben gern wüsst' ich: Was fangen die vielen Leute nur mit dem erweiterten Horizont an?	**Karl Kraus**
Hat das Denken Schlagseite, so greift es zum Schlagwort.	**Hans Kudszus**
Die meisten Menschen leben mehr nach der Mode als nach der Vernunft.	**Georg Christoph Lichtenberg**
Jemand, der ganz Unrecht hat, ist leichter zu überzeugen als einer, der zur Hälfte Recht hat.	**Ralph Waldo Emerson**
Mit der Dummheit kämpfen Götter selbst vergebens.	**Friedrich von Schiller**
Der Kluge bemerkt alles, der Dumme macht zu allem eine Bemerkung.	**Heinrich Heine**
Sei klüger als die anderen, wenn du es kannst, aber sage es ihnen nicht.	**Philip Dormel Stanhope**
It is a very sad thing that nowadays there is so little useless information.	**Oscar Wilde**

Karl Kraus Keinen Gedanken haben und ihn ausdrücken können – das macht den Journalisten.

Marie von Ebner-Eschenbach Es gibt Fälle, in denen vernünftig sein feig sein heißt.

William Hazlitt The most learned are often the most narrow-minded men.

Lernen, Lehren, Lesen

Lernen

Sokrates Es ist keine Schande, nichts zu wissen, wohl aber, nichts lernen zu wollen.

Seneca Nicht für die Schule, sondern für das Leben lernen wir.

Seneca Für wen habe ich denn all das gelernt? – Du brauchst nicht zu fürchten, deine Mühe verloren zu haben, wenn du es für dich selbst gelernt hast.

Aristoteles Lernen ist nicht angenehm, lernen tut weh.

Konfuzius Lernen ohne zu denken ist eitel, Denken ohne zu lernen gefährlich.

Chinesische Weisheit Sehen ist leicht, lernen ist schwer.

Aischylos Zum steten Lernen bleibet auch das Alter jung.

Lernen ist wie Rudern gegen den Strom. Sobald man aufhört, treibt man zurück.

Benjamin Britten

Es ist von großem Vorteil, die Fehler, aus denen man etwas lernen kann, so früh wie möglich zu machen.

Winston Churchill

You must learn from the mistakes of others. You can't possibly live long enough to make them all yourself.

Sam Levenson

Jeder, der aufhört zu lernen, ist alt, mag er zwanzig oder achtzig Jahre zählen. Jeder, der weiterlernt, ist jung, mag er zwanzig oder achtzig Jahre zählen.

Henry Ford

Die moderne Firma muss eine lernende und nicht eine wissende Organisation sein.

Fortune Magazine

Organism will only survive if their rate of learning is equal or greater than the rate of change in their environment.

Heinrich Flik

If you can learn to write a P & G memo, you can learn how to think.

Procter & Gamble-Grundsatz

Nur wer schneller lernt als sich die Umwelt verändert, wird überleben.

Ökologisches Gesetz des Lernens

Learning capability is g times g – a business' ability to generate new ideas multiplied by its adeptness at generalizing them throughout the company.

Dave Ulrich

Arie de Geus	Das einzig relevante Lernen ist das Lernen jener, die die Macht haben, zu entscheiden und umzusetzen, d. h. das Lernen der Linienmanager.
Anonymus	Wer aufhört zu lernen, hört auf besser zu sein.
Immanuel Kant	Das Schwerste am Lernen ist das Lernen lernen.
Konfuzius	Zeige mir, und ich erinnere. Lass es mich tun, und ich verstehe.
Wilhelm von Humboldt	Der Schüler ist reif, wenn er so viel bei anderen gelernt hat, dass er nun für sich selbst zu lernen im Stande ist.
Bertolt Brecht	Die Weisheit besteht darin, dass man gelernt hat zu lernen.
Richard S. Tedlow	Sloan learned how to learn. He was a man capable of changing his mind in the face of reasoned argument.
Sarah Lawrence Lightfoot	Learning is at its best when it is deadly serious and very playful at the same time.
Seneca	Tugenden lernen heißt Fehler verlernen.
Anonymus	Wenn man etwas gut kann, ist es Zeit, etwas Neues zu lernen.
Carl Ludwig von Knebel	Wir lernen viel und wissen wenig.
Johann Wolfgang von Goethe	Irren lernt man.

Es scheint in der Geschichte nur ein negatives Lernen zu geben. Man merkt sich, was man den anderen getan hat, um es ihnen anzukreiden.

Elias Canetti

Es ist der größte Übelstand, dass es in unseren Zeiten keinen Dummkopf mehr gibt, der nicht etwas gelernt hätte.

Friedrich Hebbel

Je mehr wir in uns aufnehmen, umso größer wird unser geistiges Fassungsvermögen.

Seneca

Wer sich des Fragens schämt, der schämt sich des Lernens.

Christoph Lehmann

Wer die Menschen kennen lernen will, der studiere ihre Entschuldigungsgründe.

Friedrich Hebbel

Man bleibt jung, solange man noch lernen, neue Gewohnheiten annehmen und einen Widerspruch ertragen kann.

Marie von Ebner-Eschenbach

Lehren

Alles, was gelehrt werden kann, ist nicht der Mühe wert, gelernt zu werden.

Lao-tse

Man kann einen Menschen nichts lehren, man kann ihm nur helfen, es in sich selbst zu entdecken.

Galileo Galilei

Lehren heißt, zweimal lernen.

Joseph Joubert

John A. Wheeler	One can only learn by teaching.
Derek Bok	If you think education is expensive, try ignorance.
Seneca	Kennen wir nicht Leute genug, die viele Jahre in den Hörsälen sitzen, ohne dass es im geringsten abfärbt? Unter diesen Hörern wirst du eine große Zahl finden, denen die Bildungsanstalt nur ein Absteigequartier ihres Müßigganges bedeutet.
Hans Kasper	Bildung im zwanzigsten Jahrhundert erfordert vor allem und zunächst die instinktsichere Abwehr überzähliger Informationen.
Inschrift an der Boston Library	The Commonwealth requires the education of the people as the safeguard of order and liberty.
Edmund Burke	Erziehung ist die billigste Verteidigung der Nationen.
Lord Halifax	Bildung ist das, was übrigbleibt, wenn wir vergessen, was wir gelernt haben.
Jan Amos Comenius	Lehren bedeutet ein Führen von einer bekannten Sache zu einer unbekannten. Und das Führen ist eine milde, sanfte Tätigkeit, nicht eine gewaltsame, eine liebenswürdige, nicht eine gehässige.
Euripides	Die Übung ist in allem beste Lehrerin den Sterblichen.

Education is what survives when what has been learned has been forgotten.

B. F. Skinner

Willst du für ein Jahr vorausplanen, so baue Reis an. Willst du für ein Jahrzehnt vorausplanen, so pflanze Bäume. Willst du für ein Jahrhundert planen, so bilde Menschen.

Tschuang-tse

Man geht wohl so lange in die Schule, bis die eigenen Kinder die Schule hinter sich haben. Gilt auch für die Universität.

Hermann Simon

Wer einem Manne einen Fisch schenkt, gibt ihm für einen Tag zu essen. Wer ihn das Fischen lehrt, gibt ihm ein Leben lang zu essen.

Chinesische Weisheit

Willst du, dass einer in einer Gefahr nicht zittere, so trainiere ihn vor der Gefahr.

Seneca

Die größte Verschwendung ist die Menschenverschwendung an unseren Universitäten.

Hermann Simon

People in authority must be educators.

Warren Bennis

The most valuable executive is one who is training somebody to be a better man than he is.

Robert G. Ingersoll

Diejenigen Führungskräfte sind die besten, die ihre Untergebenen lehren, sich selbst zu führen.

Hermann Simon

Robert Solow Business education in the United States has adopted an incorrect belief that business management is a skill that can be tought independently of the type of business to be managed. It is believed that a manager can manage a steelmill, a shipyard, a bank or anything. I think that is a mistake. If I am right, we need more scientists and fewer managers. We need people who have learned something about the technology of a particular industry and about management.

Mortimer J. Adler Eine Vorlesung ist jener Vorgang, bei dem die Notizen des Lehrers zu Notizen des Schülers werden, ohne dass sie den Geist der beiden passieren.

Friedrich Nietzsche Wer von Grund auf Lehrer ist, nimmt alle Dinge nur in Bezug auf seine Schüler ernst, sogar sich selbst.

Lesen

Bernhard von Clairvaux Lesen ohne Nachdenken macht stumpf; Nachdenken ohne Lesen geht irre.

Wilhelm Raabe Erst durch das Lesen lernt man, wie viel man ungelesen lassen kann.

Elias Canetti Meine Bibliothek, die aus Tausenden von Bänden besteht, die ich mir zu lesen vorgenommen habe, wächst zehnmal so rasch als ich lesen kann.

Jemand, der nicht liest, ist im Prinzip nicht besser dran als jemand, der nicht lesen kann.

Hermann Simon

Jeder zweite amerikanische Erwachsene ist außerstande, einen Busfahrplan zu verstehen oder ein Formular richtig auszufüllen.

Studie des US-Bildungsministeriums aus 1993

Es gäbe kaum eine schärfere Trennlinie als die zwischen denen, die lesen, und denen, die das nicht tun.

Hermann Simon

Die Fähigkeit, zu sehen und zu hören, ist angeboren. Die Fähigkeit, zu lesen und zu schreiben, muss erlernt und ständig geübt werden.

Frankfurter Allgemeine Zeitung

Der Leser hat's gut: Er kann sich seine Schriftsteller aussuchen.

Kurt Tucholsky

Lesen heißt borgen, daraus erfinden, abtragen.

Georg Christoph Lichtenberg

A good reader, an active and creative reader is a rereader.

Vladimir Nabokov

Ich glaube, man sollte überhaupt nur solche Bücher lesen, die einen beißen und stechen. Wenn das Buch, das wir lesen, uns nicht mit einem Faustschlag auf den Schädel weckt, wozu lesen wir dann das Buch?

Franz Kafka

Ein sicheres Zeichen von einem guten Buch ist, wenn es einem immer besser gefällt, je älter man wird.

Georg Christoph Lichtenberg

Hermann Simon Wer Dostojewski zu Ende liest, der kann auch Marathon laufen.

Georg Christoph Lichtenberg Lessings Geständnis, dass er für seinen gesunden Verstand fast zu viel gelesen habe, beweist, wie gesund sein Verstand war.

Georg Christoph Lichtenberg Leute, die sehr viel gelesen haben, machen selten große Entdeckungen. Ich sage dieses nicht zur Entschuldigung der Faulheit, denn Erfindung setzt eine weitläufige Selbstbetrachtung der Dinge voraus, man muss mehr sehen, als sich sagen lassen.

Aldous Huxley Every man who knows how to read has it in his power to magnify himself, to multiply the ways in which he exists, to make his life full, significant and interesting.

Straße des Neuen

Es gibt nur eine Richtung, in die wir alle auf der Straße des Neuen reisen, sie heißt Zukunft. Man könnte folglich behaupten, die Zukunft sei das einzig wirklich Relevante, da alles andere hinter uns liegt und sich nicht mehr ändern lässt. Die Gegenwart selbst ist dimensionslos, sie bildet nur den flüchtigen Übergang zwischen Vergangenheit und Zukunft. Subjektiv, das sei angemerkt, dauert die Gegenwart jedoch etwa drei Sekunden. Das jedenfalls behauptet Ernst Pöppel, Professor für Hirnforschung an der Ludwig-Maximilians-Universität München:»Fasst man die verschiedenen Versuche zusammen, so wird nahe gelegt, etwa drei Sekunden als subjektive Gegenwart zu deuten.«

Wie dem auch sei, der Zukunft begegnen wir mit ambivalenten Gefühlen. Wir freuen uns auf sie und haben dennoch Angst vor ihr. Die Zukunft ist Rätsel, Chance, Raum der Möglichkeiten und nicht zuletzt »das schwierigste Problem unserer Zeit«, wie es ein Vierzehnjähriger in einem Aufsatz formulierte. In der Zukunft tummelt sich ein buntes Völkchen, Optimisten und Pessimisten, Scharlatane, Wahrsager und wissenschaftliche Prognostiker. Dieser Marktplatz übt eine seltsame Faszination aus. Leute, die glaubhaft vorgeben, in die Zukunft zu schauen, sind stets gefragt, als Redner, Gurus, Berater. Selten müssen sie ihre Vorhersagen und Versprechen einlösen, dazu geben unsere Sprüche praktische Tipps. Immer jedoch sollte man das Zitat von Niels Bohr im Hinterkopf haben, dass Prognosen schwierig sind – vor allem wenn sie die Zukunft betreffen.

Es gibt allerdings mehrere Auswege. Zum einen kann man dem Ratschlag des Soziologen Niklas Luhmann folgen, dass man die Zukunft am schnellsten los wird mit der Feststellung, dass es sie gar nicht gibt. Winston Churchill empfiehlt die Prognose kurz nach dem Ereignis als ein sicheres Verfahren gegen Irrtümer beim Vorhersagen. Ein noch effektiveres Verfahren, die Zukunft vorherzusagen besteht darin, sie einfach zu schaffen.

Dazu bedarf es allerdings spezifischer Zutaten, konkret sind dies Kreativität, Innovation und Unternehmertum. Kreativität ist ein besonders rätselhaftes Phänomen. Woher kommen die neuen Ideen? »Wie kommt das Neue in die Welt?« fragen Heinrich von

Pierer und Bolko von Oettinger treffend in einem Buchtitel. Ist es der »göttliche Funke« gemäß Arthur Koestler, ist es Eingebung, Zufall oder das Ergebnis harter Arbeit und langen Suchens? Wohl etwas von all dem! Die Amerikaner haben ein schönes Wort, das diese Unergründlichkeit beschreibt: *Serendipity*. Eine deutsche Übersetzung konnte ich nicht finden, selbst in Langenscheidts 1160-seitigem Großwörterbuch Englisch-Deutsch ist das Wort nicht verzeichnet. Das Oxford Concise Dictionary erklärt *Serendipity* wie folgt: »The faculty of making happy and unexpected discoveries by accident«. Der Oxford Thesaurus für Synonyma verwendet »chance, mere chance, happy chance, luck, good fortune, fortuity, fortuniousness, accident, coincidence«. Das Wort hat offenbar keinen lateinischen Ursprung, denn auch dort findet man nichts, sondern es soll aus dem Titel des Buches von Horace Walpole (1754), »The Three Princes of Serendip« (Serendip ist ein alter Name für Sri Lanka) abgeleitet sein. Die Sprüche zu Kreativität liefern Umschreibungen von Serendipity. Wir wissen also nach der Lektüre nicht mehr als vorher – und trotzdem war es hoffentlich interessant.

Handfester wird es bei Innovation und Unternehmertum. Beide Felder hängen eng zusammen, was in Joseph Schumpeters berühmtem Statement: »Innovation ist die kreative Zerstörung des Bestehenden durch Unternehmer« zum Ausdruck kommt. Es fällt auf, dass die Sprüche zu diesen Gebieten überwiegend von jüngeren und zeitgenössischen Autoren stammen. Zwar gibt es auch hier einige Klassiker, doch sie bleiben im Vergleich zu anderen Kapiteln deutlich in der Minderzahl. Die intensive Auseinandersetzung mit Innovation, Unternehmertum, Chancen scheint selbst ein innovatives Phänomen. Das wiederum sollte uns optimistisch stimmen für die Zukunft. Denn die bewusstere Hinwendung zum Neuen, die Organisation von Märkten für das Neue (z. B. für Venture Capital, für Ideen, der »Neue Markt«), eine höhere gesellschaftliche Wertschätzung des Neuen werden uns auf der Straße des Neuen schneller und effektiver voranbringen.

Zukunft

Wir alle sollten uns um die Zukunft sorgen, denn wir werden den Rest unseres Lebens dort verbringen. **Charles F. Kettering**

Die Zukunft hat viele Namen. Für die Schwachen ist sie das Unerreichbare. Für die Furchtsamen ist sie das Unbekannte. Für die Tapferen ist sie die Chance ... **Victor Hugo**

Wer die Zukunft fürchtet, verdirbt sich die Gegenwart. **Lothar Schmidt**

The future belongs to those who believe in the beauty of their dreams. **Eleanor Roosevelt**

To manage a business well is to manage its future; and to manage the future is to manage information. **Marion Harper**

Effective managers live in the present – but concentrate on the future. **James L. Hayes**

Wir leben immer für die Zukunft: ewiges Stimmen, und nie beginnt das Konzert. **Ludwig Börne**

Einen Einzigen, einen Einzigen kennen, der nach mir auf die Welt kommt! – Es ist lästig, technische Einzelheiten der Zukunft zu bedenken, wenn man keinen einzigen Menschen aus ihr kennt. **Elias Canetti**

Jede Zeit ist ein Rätsel, das nicht sie selber, sondern erst die Zukunft löst. **Rudolf von Jhering**

Karl Jaspers Die Zukunft ist als Raum der
Möglichkeiten der Raum unserer
Freiheit.

Thomas Middelhoff Tomorrow is today.

Pierre Leroux Leben ist das Einatmen der Zukunft.

Seneca Von der Zukunft hängt ab, wer nicht
versteht, in der Gegenwart zu wirken.

Johannes Gross Die Zukunft hat zu allen Zeiten die
Scharlatane angezogen.

Fritz Roethlisberger Most people think of the future as the
end and the present as the means
where in fact the present is the end
and the future is the means.

Antoine de Saint-Exupéry Ich kann nicht voraussehen, aber ich
kann zu etwas den Grund legen.
Denn die Zukunft baut man.

Alan Kay The best way to predict the future is
to invent it.

Laurel Cutler There is no data on the future.

Charles P. Snow Naturwissenschaftler haben die
Zukunft im Blut.

Herbert Giersch Liberale sind Optimisten.
Konservative haben Angst vor der
Zukunft, Sozialisten wollen sie
planen.

Friedrich W. von Steuben Eine Gefahr, die man kennt, ist keine
Gefahr.

The future will one day be the present and will be seen as unimportant as the present does now.

William Somerset Maugham

Wie töricht ist es, Pläne für das ganze Leben zu machen, wo wir doch nicht einmal Herren des morgigen Tages sind.

Seneca

Die Vergangenheit und die Gegenwart sind unsere Mittel. Die Zukunft allein ist unser Zweck.

Blaise Pascal

Ein Optimist ist ein Mensch, der glaubt, dass die Zukunft ungewiss ist.

Edward Teller

The future remains today's hostage.

Wall Street Journal

The future exists first in imagination, then in will, then in reality.

Robert A. Wilson

Zukunft – das ist die Zeit, in der du bereust, dass du das, was du heute tun kannst, nicht getan hast.

Anonymus

Die Zukunft ist auch nicht mehr das, was sie einmal war.

Anonymus

Das schwierigste Problem unserer Zeit ist wohl die Zukunft.

aus dem Aufsatz eines 14-Jährigen

Wir halten uns niemals an die gegenwärtige Zeit. Wir nehmen die Zukunft vorweg, da sie zu langsam kommt, gleichsam um ihren Lauf zu beschleunigen. Und wir rufen die Vergangenheit zurück, um sie aufzuhalten.

Blaise Pascal

Charles Maurice de Talleyrand	Man muss die Zukunft im Sinn haben und die Vergangenheit in den Akten.
Romain Rolland	Mein Vaterland ist nicht gestern, mein Vaterland ist morgen.
Ralph Waldo Emerson	There are always two parties, the party of the past and the party of the future, the establishment and the movement.
Ronald Henkoff	In most organizations, the future doesn't have a lobby.
Georg Christoph Lichtenberg	Wer bei jeder Handlung den Einfluss bedenkt, den sie auf sein Künftiges haben kann, und sie nicht unternimmt, wenn sie ihm nicht in Künftigem Vorteil bringt, wird gewiss glücklich leben.
Niklas Luhmann	Die Zukunft wird man am schnellsten los mit der Feststellung, dass es sie gar nicht gibt.
Percy Bysshe Shelley	One can see the present in the past and the future in the present.
Frederic Vester	Die Antworten zu unseren Problemen kommen aus der Zukunft und nicht von gestern.
Hermann Simon	Ewigkeit ist das, was nach der Zukunft kommt.
Peter Lynch	Die Zukunft kann man nicht im Rückspiegel sehen.

We cannot always build the future for our youth, but we can build our youth for the future.

Franklin D. Roosevelt

Wer die Zukunft voraussagt, lügt, selbst wenn er die Wahrheit sagt.

Arabisches Sprichwort

Die Zeit wird kommen, wo unsere Nachkommen sich wundern, dass wir so offenbare Dinge nicht gewusst haben.

Seneca

Es ist gefährlich, in die Zukunft zu schauen, aber verantwortungslos, es nicht zu tun.

Henry Deterding

Prognostiker sind Leute, die den eigenen Weg nicht kennen, aber anderen den Weg zeigen wollen.

Ennius

It's not where the puck is that counts. It's where the puck will be.

Wayne Gretzky

I was in search of a one-armed economist so that the guy could never make a statement and then say: »on the other hand«.

Harry S. Truman

The most common qualification of the economic forecaster is not in knowing, but in not knowing he does not know. His greatest advantage is that all predictions, right or wrong, are soon forgotten.

John Kenneth Galbraith

The very act of participating in the new product planning process leads to overly optimistic forecasts.

Steven P. Schnaars

Niels Bohr Prognosen sind schwierig – vor allem wenn sie die Zukunft betreffen.

Steven P. Schnaars There is almost no evidence that forecasters, professionals and amateurs alike have any idea of what our technological future will look like.

Winston Churchill Der sicherste Zeitpunkt für eine Prognose ist kurz nach dem Ereignis.

Timothy Ferris Human affairs are hard to predict because human beings are adaptable and creative, and these qualities do not lend themselves to computer forecasts. All rising curves that show unwelcome trends will approach infinity if extended far enough, but it is we who dictate the curves and not vice versa.

John Kenneth Galbraith The only person wise about the future is the person who keeps silent.

Steven P. Schnaars When you get the urge to predict the future better lie down until the feeling goes away.

Gerhart Hauptmann Wer nicht weiß, was ist, wie will er voraussagen, was werden soll.

Steven P. Schnaars Technological forecasts say more about the times in which they were made than they do about the times they seek to predict. Forecasters are inextricably bound up in the spirit of the times in which they live.

Isn't it interesting that the same
people who laugh at science fiction
listen to weather forecasts and
economists?

Kelvin Throop III.

Zur Wahrscheinlichkeit gehört auch,
dass das Unwahrscheinliche eintritt.

Aristoteles

There is absolutely no evidence that
complicated mathematical models
provide more accurate forecast than
simpler models that incorporate
intuitively pleasing rules of thumb.

Steven P. Schnaars

Es gibt Leute, die sich über den
Weltuntergang trösten würden, wenn
sie ihn nur vorhergesagt hätten.

Friedrich Hebbel

Wer das Unheil voraussieht, leidet
zweimal.

Beilby Porteus

Die Zukunft soll man nicht
voraussehen wollen, sondern möglich
machen.

Antoine de Saint-Exupéry

Die Durchschnittsfamilie des Jahres
2013 besteht aus einer Witwe.

Heik Afheldt

Wer die Gesellschaft des Jahres 2010
erleben will, der braucht nur nach
Miami zu fahren. Die zunehmende
Überalterung lässt für die
Innovativität unserer Gesellschaft
wenig Gutes erwarten.

Holger Wagner

Was du tun willst, darfst du nicht im
Voraus sagen; denn misslingt es, wirst
du ausgelacht.

Pittakos

Andrew A. Rooney It is hard for me to believe that in the next 150 years we'll have as many important inventions and discoveries as we have had in the last 150. If anyone were to read that paragraph 150 years from now, I'm sure they'd laugh at my ignorance.

Georg Christoph Lichtenberg Ich mag immer den Mann mehr lieben, der so schreibt, wie es Mode werden kann, als den, der so schreibt, wie es Mode ist.

Hermann Simon Man muss sowohl die heutige Situation als auch neue Ideen stärker aus der Zukunft heraus betrachten, die Zukunft als Standort wählen.

Mayer Amschel Rothschild Diejenigen Kaufleute, die gut vorausplanen, erwerben große Reichtümer. Die anderen, die dazu nicht in der Lage sind, gehen Bankrott.

Karl Born Alles, was sich als Trend abzeichnet, ruft automatisch einen Gegentrend hervor.

Kreativität

Jean Paul Man glaubt immer, der Mensch, der eine neue, die erste Meinung über das ganze Ideensystem gehabt, z. B. Leibnitz, müsse auch eine neue über jedes einzelne z. B. den Stiefelknecht haben; daher die Liebe zu Biographien.

Computer sind nutzlos, sie können
nur Antworten geben.

Pablo Picasso

Research is what I'm doing when I
don't know what I'm doing.

Wernher von Braun

Originality is the art of concealing
your source.

Franklin P. Jones

It requires a very unusual mind to
make an analysis of the obvious.

Alfred North Whitehead

Nicht die Klügsten allein haben die
besten Einfälle. Gute Einfälle sind
Geschenke des Glückes.

Gotthold Ephraim Lessing

Nichts ist gefährlicher als eine Idee,
wenn man nur eine hat.

Anonymus

The best way to have good ideas is to
have a lot of ideas.

Linus Pauling

Was ist Originalität? Etwas sehen, das
noch keinen Namen trägt, noch nicht
genannt werden kann, obgleich es vor
aller Augen liegt.

Friedrich Nietzsche

Schon beim Zuschauen kann man
eine Menge sehen.

Yogi Berra

Es ist sonderbar, dass nur
außerordentliche Menschen die
Entdeckungen machen, die hernach
so leicht und simpel erscheinen. Dies
setzt voraus, dass, um die simpelsten,
aber wahren Verhältnisse der Dinge
zu bemerken, sehr tiefe Kenntnisse
nötig sind.

Georg Christoph Lichtenberg

Arthur Koestler   The creative act is the defeat of habit by originality.

Albert Einstein   Imagination is more important than knowledge.

William Somerset Maugham   There are few minds in a century that can look upon a new idea without terror. Fortunately for the rest of us, there are very few ideas about.

Arthur Koestler   Alle großen Erfindungen, alle großen Werke sind das Resultat einer Befreiung, der Befreiung von der Routine des Denkens und des Tuns.

Thomas Alva Edison   If there is a way of doing it better, find it.

Georg Christoph Lichtenberg   Wie nah wohl zuweilen unsere Gedanken an einer großen Entdeckung hinstreichen mögen?

Jean Paul   Um originelle Leute zu finden, muss man selber Geist haben.

Roger Peters   Creativity has always been seen as somehow allied with madness. Creativity is threatening the same way madness is, because it is by nature unpredictable.

Jean Paul   Nicht Mangel an Ideen – denn man hat immer welche – sondern an neuen macht Langeweile.

Hans Arndt   Den Phantasievollen quälen die Möglichkeiten.

I do not seek, I find. **Pablo Picasso**

I have no particular talent, I am **Albert Einstein**
merely extremely inquisitive.

Unter den möglichen Kombinationen **Henri Poincaré**
erweisen sich oft die als am
fruchtbarsten, deren Elemente aus
weit auseinander liegenden Gebieten
herangezogen werden.

Vielleicht bedeutet kreatives Denken **Rudolph Flesch**
einfach die Erkenntnis, dass es kein
besonderes Verdienst ist, die Dinge
so zu tun, wie sie schon immer getan
worden sind.

University-trained scientists only saw **Matthew Josephson**
that which they were taught to look
for and thus missed the great secrets
of nature.

Einfälle sind Läuse der Vernunft. **Friedrich Hebbel**

At a certain stage in the development **William James**
of every science a degree of weakness
is what best coexists with fertility.

It is out of chaos that higher levels of **Ilya Prigogine**
order and wisdom emerge.

For creative people the life is the **D. B. Wallace – H. E. Gruber**
work.

Ein neuer Gedanke – das ist meist **Arthur Schnitzler**
eine uralte Banalität in dem
Augenblick, da wir ihre Wahrheit an
uns selbst erfahren.

Friedrich Hebbel Phantasie ist nur in der Gesellschaft des Verstandes erträglich.

Ernst Hohenemser Phantasie ist die Fähigkeit, in Bildern zu denken.

Marcel Proust The real act of discovery consists not in finding new lands but seeing with new eyes.

Scientific American Real understanding can come only by probing an issue from many directions.

William Blake Nicht vieles zu kennen, aber vieles miteinander in Berührung zu bringen, ist eine Vorstufe des Schöpferischen.

François Jacob Novelties come from previously unseen associations of old material. To create is to re-combine.

Athenäum-Fragmente Manche witzigen Einfälle sind das überraschende Wiedersehen zwei befreundeter Gedanken nach einer langen Trennung.

Mark Twain The man with a new idea is a crank – until the idea succeeds.

Rolf Berth 72 Prozent aller innovativen Ideen kommen von der nur 16 Prozent großen Gruppe der Hochkreativen.

D. B. Wallace – H. E. Gruber The acquisition of expert knowledge in at least one domain is a prerequisite of creative thinking.

Nur auf dem Boden ganz harter Arbeit bereitet sich normalerweise der Einfall vor.

Max Weber

Träume entspringen wachen Gedanken.

Asiatische Weisheit

Wer fragt, ist ein Narr für fünf Minuten. Wer nicht fragt, bleibt ein Narr für immer.

Chinesische Weisheit

Aus einem kleinen Gebüsch springt oft ein großer Hase.

Waidmannsspruch

Die Erfindung des Problems ist wichtiger als die Erfindung der Lösung; in der Frage liegt mehr als in der Antwort.

Walther Rathenau

Die Idee ist ein Sprung, den der Geist aus seinem diskursiven Fortschreiten heraus ins Weite macht.

Anonymus

If insight is an abrupt reorganization of previous thought, the matter what is »previous« is certainly as important as insight.

Anonymus

Die ewig Originellen sind die Todfeinde der Originalität.

Hans Kasper

Große alte Männer haben große alte Gedanken.

Hans Kasper

There is a closer connection between scientific creativity and scientific writing than has generally been noticed.

D. B. Wallace – H. E. Gruber

Tristan Bernard	Es ist besser, überhaupt nicht nachzudenken, als zu wenig nachzudenken.
Albert Einstein	Die Maschine wird alles tun können, sie wird alle Probleme, die man ihr stellt, lösen können, aber sie wird niemals ein Problem zu stellen vermögen.
Hans Krebs	I spent a lot of time on writing but usually while the work was still going on. And I find in general, only when one tries to write it up, I do find the gaps.
John Naisbitt – Patricia Aburdene	In der neuen Informations gesellschaft sind die Schlüssel- faktoren des Erfolgs Information, Wissen, Kreativität. Es gibt nur eine Stelle, wo man diese Ressourcen findet: die Mitarbeiter. Das Humankapital gewinnt einen völlig neuen Stellenwert.
Linus Pauling	Es genügt nicht, eine Idee zu haben, man muss auch erkennen, ob sie gut ist.
Hans-Hermann Kersten	Eine gute Idee erkennt man daran, dass sie geklaut wird.
Leo Burnett	Curiosity about life in all of its aspects, I think, is still the secret of great creative people.
Athenäum-Fragmente	Witzige Einfälle sind die Sprichwörter der gebildeten Menschen.

Wer ein Problem definiert, hat es
schon halb gelöst.

Julian Huxley

I have learned to practice what I call
»constructive dissatisfaction«.

Leo Burnett

Lichtenberg hat in seinen
Sudelbüchern unzählige Gedanken
aufgeschrieben. Wenn man das tut,
besteht die Chance, dass einige gute
darunter sind.

Hermann Simon

Viele Ideen kommen einem, wenn
man sie gerade nicht gebrauchen
kann. Nur wenn man sie aufschreibt,
kann man sie bei Gelegenheit
recyceln.

Hermann Simon

Eine Idee verliert außerordentlich,
wenn ich ihr den Stempel meiner
Erfindung aufdrücke und sie zu einer
Patentidee mache.

Novalis

Scenarios are there to condition the
organization to think.

Royal Dutch Shell

Wenn man auf einem neuen Gebiet
die herrschende Meinung für falsch
hält, wird man selten falsch liegen.

Hermann Simon

The ideas that come out of most
brainstorming sessions are usually
superficial, trivial, and not very
original. They are rarely useful. The
process, however, seems to make
uncreative people feel that they are
making innovative contributions and
others are listening to them.

Harvey Block

Hermann Simon Was rettet die Schrift vor dem Computer? Die Tatsache, dass es abstrakte Begriffe gibt, die man nicht in Bildern darstellen kann.

Leo Burnett Fiction makes sparks and sparks start great creative conflagrations.

Frankfurter Allgemeine Zeitung Aus Fertigungsinseln kommen drei- bis viermal mehr Verbesserungs- vorschläge als aus alten Strukturen.

Georg Christoph Lichtenberg Wie nah wohl zuweilen unsere Gedanken an einer großen Entdeckung hinstreichen mögen?

Georg Christoph Lichtenberg Zur Aufweckung des in jedem Menschen schlafenden Systems ist das Schreiben vortrefflich, und jeder, der je geschrieben hat, wird gefunden haben, dass Schreiben immer etwas erweckt, was man vorher nicht deut- lich erkannte, obgleich es in uns lag.

Innovation

Henry L. Mencken For every complex problem, there is a solution that is simple, neat, and wrong.

Tilly Kupferberg When patterns are broken, new worlds emerge.

Joseph Schumpeter Innovation ist die kreative Zerstörung des Bestehenden durch Unternehmer.

Henri Poincaré Pour inventer il faut penser à côté.

Trailblazing innovations don't spring from cultural homogenity but from diverse ideas and opinions.

Jürgen E. Schrempp

Nicht mit Erfindungen, sondern mit Verbesserungen macht man Vermögen.

Henry Ford

Wenn ich immer neue Ideen zu bearbeiten habe, werde ich wie krank.

Johann Wolfgang von Goethe

Die Entdeckungen von gestern sind die Gemeinplätze von heute, und wir staunen über die einstige Blindheit der Menschen.

Arthur Koestler

Wie werden einmal unsere Namen hinter den Erfindern des Fliegens und dergleichen vergessen werden.

Georg Christoph Lichtenberg

Etwas einfach zu machen ist am kompliziertesten.

Alex Faller

The greatest praise an innovation can receive is for people to say: »This is obvious!«

Peter F. Drucker

Innovation comes from the outside. Odd as it may seem, important innovations rarely come from firms that would seem the most likely sources. Firms that are currently dominant in a given industry seem to be the least foresightful.

Steven P. Schnaars

Most innovations diffuse at a surprisingly low rate.

Steven P. Schnaars

Steven P. Schnaars	The message is clear. Be conservative in your estimates of the potential for new products based on innovative technologies.
Thomas J. Watson	There is a world market for about five computers.
Fred Smith	If you want to innovate, you have to be capable of making intuitive judgements.
Adlai E. Stevenson	If we value the pursuit of knowledge we must be free to follow wherever that search may lead us.
Anonymus	No industry is so mature that it no longer needs to innovate.
Livio D. DeSimone	Innovation tells us where to go. We don't tell innovation where to go.
Jerry Kaplan	Remember that ideas last longer than people or things. Your ideas will go farther if you do not insist upon going with them.
Marie von Eber-Eschenbach	Ausnahmen sind nicht immer Bestätigungen der alten Regeln; sie können auch die Vorboten einer neuen Regel sein.
DuPont de Nemours	Kevlar was the answer, but we didn't know for what.
Hermann Simon	Innovation wird nicht durch Technologie, sondern durch Anwendung getrieben.

Develop a product where there is no market – then create one.

Motto von Sony

Wenn man etwas Neues hat, will niemand davon hören. Dann will es niemand glauben, man wird bekämpft und verlacht. Wenn es sich aber durchgesetzt hat, erscheint es allen trivial.

Jonathan Swift

Kontinuierliche Verbesserungen sind besser als hinausgezögerte Vollkommenheit.

Mark Twain

Die besten Erfindungen sind die, die stumpfsinnige Arbeiten abgeschafft haben.

Florian Langenscheidt

We have it in our power to begin the world all over again. A situation similar to the present hath not appeared since the days of Noah until now. The birthday of a new world is at hand.

Thomas Paine

Der Marktführer muss lernen, die Innovation zur Routine zu machen.

Philip Kotler

Neue Ideen setzen sich nicht dadurch durch, dass ihre Gegner überzeugt werden, sondern dadurch, dass sie aussterben.

Max Planck

Ich stelle den Antrag, dass Archimedes von der Universität von Alexandrien verwiesen wird, da er die reine Mathematik mit der Materie beschmutzt hat.

Appolonius von Perga

Peter F. Drucker If an innovation does not aim at leadership from the beginning, it is unlikely to be innovative enough.

Arthur Koestler Die Bahn der Wissenschaft ist wie ein uralter Wüstenpfad übersät mit den ausgebleichten Skeletten verworfener Theorien, Doktrinen und Axiome, die in ihren Tagen ewiges Leben zu besitzen schienen.

Heik Afheldt Der Strukturwandel ist für uns deswegen beunruhigend, weil er so atemberaubend schnell passiert. Die Aufforderung zur Innovation ist schon fast zu einem permanenten Stressfaktor geworden.

Peter Moraw Das Neue hat es stets leichter an neuen Universitäten.

Clifford Pinchot Die Innovationsschwäche von Großunternehmen ist unvermeidliche Folge der vorherrschenden Planungs- und Controllingsysteme.

Clifford Pinchot Wenn Großunternehmen besonders innovativ sind, dann gibt es immer kleine, unabhängige Gruppen von »Machern«, die das formale System umgehen oder sogar sabotieren.

Napoleon Bonaparte What, Sir, you would make a ship against the wind and currents by lighting a bonfire under her decks? I pray you to excuse me, I have no time to listen to such nonsense.

Innovation heißt, Leute mit **Werner P. Meier**
wissenschaftlicher Ausbildung dazu
einzusetzen, dass sie aus wenig Geld
mehr Geld machen.

Das wahre Große in der Welt ist **Siegfried August Mahlmann**
immer nur das, was nicht gleich
gefällt.

Was sich nicht verkaufen lässt, will **Thomas Alva Edison**
ich nicht erfinden.

Mr. Bell, after careful consideration of **John Pierpont Morgan**
your invention, while it is a very
interesting novelty, we have come to
the conclusion that it has no
commercial possibilities.

Ich habe nie Wertvolles zufällig **Thomas Alva Edison**
getan. Meine Erfindungen sind nie
zufällig entstanden. Ich habe
gearbeitet.

Edison has done more toward **Henry Ford**
abolishing poverty than all the
reformers and statesmen.

Gutenberg made everybody a reader. **Herbert Marshall McLuhan**
Xerox makes everybody a publisher.

The man who produces an idea in any **John Galt**
field of rational endeavour – the man
who discovers new knowledge – is
the permanent benefactor of
humanity.

Die größte Erfindung wäre die **Hermann Simon**
Erfindung, wie man erfindet.

Harry Beckers   As a consumer I feel frustrated when a product is obsolete within three months because of all the innovation.

Philip H. Knight   Wenn wir keine Fehler machen, heißt das, dass wir nicht genug Dinge ausprobieren.

Alva Edison   I can hire mathematicians but they can't hire me.

Albert Einstein   The world that we have made as a result of the level of thinking we have done thus far creates problems that we cannot solve at the level as they were created.

Stan Davis   An average car today contains as much information processing power as was on bord the Apollo moon landing craft in 1969.

Hermann Simon   Ob Computer eines Tages ans Gehirn angeschlossen werden? Dass die Gedanken erst durch die Finger müssen, um in den Computer zu gelangen, scheint jedenfalls sehr ineffizient.

Hermann Simon   Die erste Innovation jeden Tages sollte darin bestehen, sich an die Notwendigkeit ständiger Innovation zu erinnern.

Chancen und Unternehmer

Chancen

Ignorance of your freedom is your captivity.

Amerikanische Maxime

A wise man will make more opportunities than he finds.

Francis Bacon

Die Gelegenheit bedarf eines bereiten Geistes.

Louis Pasteur

Je planmäßiger die Menschen vorgehen, desto wirksamer trifft sie der Zufall.

Friedrich Dürrenmatt

It's impossible to take an unnecessary risk. Because you only find out whether a risk was unnecessary after you have taken it.

Giovanni Agnelli

Wohin ich auch blicke, überall erwachsen aus Problemen Chancen.

Nelson A. Rockefeller

A reasonable probability is the only certainty.

Edgar Watson Howe

Es geht nicht darum, Wohlstand zu verteilen, sondern Chancen.

Arthur H. Vandenberg

Zwischen zu früh und zu spät liegt immer nur ein Augenblick.

Franz Werfel

Ein Weg entsteht, indem man ihn geht.

Chinesische Weisheit

Jeder Weg trifft einmal einen anderen Weg.

aus Madagaskar

Douglas MacArthur There is no security in this life, there is only opportunity.

Al Capone The American system of ours gives everyone of us a great opportunity if we only seize it with both hands.

Erich Sixt Für mich gibt es keine gesättigten Märkte, es gibt nur Chancen.

Amerikanische Maxime There is an island of opportunity in the middle of every difficulty.

Hannah More Obstacles are those frightful things you see when you take your eyes off the goal.

Demosthenes Kleine Gelegenheiten sind oft der Anfang großer Unternehmungen.

Heinrich Flik Die wirkliche Herausforderung besteht darin, die Mitarbeiter dazu zu bringen, ständig neue Chancen aufzugreifen, wo es doch so viel bequemer ist, die bestehenden Geschäfte, die scheinbar sicherer und weniger konfliktbeladen sind, fortzuführen.

Thomas Finkenstaedt Wollen wir nicht lieber würfeln, damit das Beste auch eine Chance hat?

James Goldsmith The ultimate risk is not taking a risk.

Peter F. Drucker New opportunities rarely fit the way an industry has always approached the market.

Always listen to experts. They'll tell **Robert A. Heinlein**
you what can't be done, and why.
Then do it!

Damit das Mögliche entsteht, muss **Hermann Hesse**
immer wieder das Unmögliche
versucht werden.

He that forecasts all difficulties that **James Kelly**
he may meet with in business, will
never set about it.

Viele der erhabensten **Theodore Cuyler**
Unternehmungen in der
menschlichen Geschichte wären
niemals in Angriff genommen
worden, wenn die Akteure alle
Schwierigkeiten, die zu überwinden
waren, vorhergesehen hätten.

Der vernünftigste Grund, das **Edward de Bono**
Nachdenken über Chancen zu
vermeiden, geht von der Annahme
aus, dass ein anderer dafür
zuständig ist.

Instinct is the triumph of mind over **Robert Orben**
data.

Man muss die Dinge nehmen, wie sie **aus Finnland**
kommen. Und wenn sie nicht
kommen, muss man ihnen
entgegengehen.

Erzählen Sie mir nicht, dieses **Ferdinand Foch**
Problem sei schwierig. Wenn es nicht
schwierig wäre, dann wär's kein
Problem.

Pioniere und Unternehmer

Theodore Levitt The trouble of being a pioneer is that pioneers get killed by the Indians.

Norman R. Augustine Der erste Vogel frisst den Wurm. Der erste Wurm wird gefressen.

Henry Marchant To be a success in business, be daring, be first, be different.

Bertolt Brecht Ein Teil des Talents besteht in der Courage.

Walter Bagehot A great pleasure in life is doing that most people say you cannot do.

aus Simbabwe Der erste Vogel fängt den fettesten Wurm.

Anonymus Avantgardisten sind Leute, die nicht wissen, wo sie hinwollen, aber als erste da sein möchten.

Procter & Gamble Plan to be first!

Thomas Jefferson Delay is preferable to error.

Procter & Gamble It's better to be right than to be first.

Alfred Adler Die größte Gefahr des Lebens ist, dass man zu vorsichtig wird.

Romain Rolland Denn es ist klar, dass die Zukunft nicht den Zaudernden gehört, sondern denen, die ohne schwach zu werden das durchstehen, wofür sie sich einmal entschieden haben.

Man muss in einer Branche nicht der
Erste sein, aber origineller als die
anderen.

Paul Gauselmann

Die Unternehmer selbst sind die
schlechtesten Verfechter ihrer Sache.
Sie sind krasse Individualisten,
häufig politisch instinktlos, von
Natur aus unsolidarisch.

Johann Phillip von Bethmann

Um eine Sache bis auf den Grund
durchzudenken, bedarf es oft mehr
des Mutes als des Verstandes.

Hans Arndt

Companies already dominant in
a field rarely produce the
breakthroughs that transform it.

George Gilder

Die Schwachen kämpfen nicht. Die
Stärkeren kämpfen vielleicht eine
Stunde lang. Die noch stärker sind,
kämpfen viele Jahre. Aber die
Stärksten kämpfen ihr Leben lang.
Diese sind unentbehrlich.

Bertolt Brecht

I believe in the exceptional man – the
entrepreneur who is always out of
money, not the bureaucrat who
generates cash flow and pays
dividends.

Armand Erpf

Die Geschichte zeigt, dass aus einem
schlechten Schüler durchaus ein guter
Unternehmer werden kann. Das heißt
jedoch weder, dass nur schlechte
Schüler gute Unternehmer geworden
sind, noch dass alle guten Unternehmer schlechte Schüler waren.

Hermann Simon

Amerikanische Maxime	Do not follow where the path may lead. Go instead where there is no path and leave a trail.
Johann Philipp von Bethmann	Die Unternehmer, das ist nicht ein kleiner Club exklusiver Manager an den vielzitierten Schalthebeln der Wirtschaft. Die Unternehmer: Das sind Hunderttausende, die in Selbstständigkeit ihrem Gewerbe nachgehen oder die verschiedenartigsten Führungsaufgaben in den modernen Unternehmen wahrnehmen.
John Maynard Keynes	Die Lage wird ernst, wenn das Unternehmertum zu einer Klasse im Strudel der Spekulation wird.
Wendelin Wiedeking	Entscheidend ist der Wille, der Beste zu sein.
Miguel de Cervantes	Bitte nie um Dinge, die du dir selbst erwerben kannst.
Branco Weiss	Der Unternehmer sieht Chancen, die andere nicht sehen, er überwindet die Angst vor dem Neuen.
Hubert Burda	Lieber Staub aufwirbeln als Staub ansetzen.
Amerikanische Maxime	You cannot discover new oceans unless you have the courage to lose sight of the shore.
Jacques Bénigne Bossuet	Die größte aller Schwächen ist zu fürchten, schwach zu sein.

Garten der Strategie

In welchem Geschäft sind wir eigentlich? Mit dieser Frage kann man auch heute noch viele Manager verblüffen. Als der damalige Marketingprofessor an der Harvard Business School, Theodore Levitt, in seinem berühmten Aufsatz »Marketing Myopia« im Jahre 1961 gar behauptete, Eisenbahnen seien nicht im Eisenbahngeschäft, galt das als Revolution. André Heiniger, der Rolex-Uhren zu einer Weltmarke gemacht hat, sekundierte Levitt mit der Aussage, Rolex sei nicht im Uhrengeschäft. In welchem Geschäft sind denn die Eisenbahnen oder Rolex oder die Kosmetikhersteller? Antworten auf solche Fragen zu finden, ist Aufgabe der Geschäftsdefinition, die manche als Startpunkt für die Strategieentwicklung sehen. Jedenfalls gelten solche Gedanken als geistige Vorläufer des modernen Strategiebegriffes.

Was aber ist nun Strategie? Eine Kunst oder eine Wissenschaft? Oder gar beides? Wie unsere gesammelten Sprüche belegen, verbirgt sich hinter dem Begriff Strategie eine schillernde Vielfalt von Bedeutungen und Konnotationen. Fokus, Konzentration, Commitment, Intuition tauchen auffällig oft auf. Zu Strategie gehört jedoch auch das Gegenteil, nämlich zu wissen, was man nicht will. Und Strategien werden nicht nur reihenweise nicht umgesetzt, sondern auch keineswegs immer vorab formuliert. Unseren Sprüchen zufolge entdeckt man offenbar häufig erst im Nachhinein, dass etwas Strategie war – oder nennt es so. Das gilt natürlich ganz besonders für die zahlreichen strategischen Flops, vor allem solche aus Diversifikationen.

Worin liegt deren wichtigste Ursache? Woran hat es in diesen Fällen gemangelt? Offensichtlich an den benötigten Kompetenzen und Fähigkeiten! Diese triviale Einsicht ließ allerdings einige Zeit auf sich warten. Lange gaben sich Manager der Illusion hin, alles zu können. Wo es Chancen gab, da würde man einen Weg finden. Doch weit gefehlt, nach wie vor gilt, dass Kunst von Können kommt. Und Können, Fähigkeiten, Kompetenzen sind nun mal äußerst ungleich verteilt. Echte Knowbodies waren, sind und bleiben Mangelware. Da verspricht selbst das von Gerhard Fels geprägte, äußerst zeitgemäße Motto »Kernkompetenz statt Kernenergie« keine dauerhafte Lösung.

Warum spreche ich vom Garten der Strategie? Weil die Metapher des Gärtners die Aufgabe von Strategie treffend beschreibt. Wie ein Gärtner muss der Stratege pflanzen, pflegen, wachsen lassen, aber auch schneiden und wilde Triebe eliminieren. Bei all dem bedarf es großer Geduld, die Ergebnisse seiner Arbeit brauchen Zeit. Zwischendurch ist nicht immer erkennbar, ob der gewünschte Erfolg eintritt. Unerwünschte Faktoren wie Schädlinge, schlechtes Wetter, Nahrungskonkurrenz gefährden die heranwachsenden Pflänzchen und verlangen nach der schützenden Hand des Gärtners. Das ist Strategie!

Wenn den Strategen gar nichts mehr einfällt, rekurrieren sie gerne auf die Zeit und erklären den Zeitwettbewerb. Doch wissen sie überhaupt, was Zeit ist? Man ist geneigt, die Hypothese zu formulieren, die Zahl der Sprüche sei umso größer, je weniger wir wissen, wovon wir reden. Der Fall Zeit bestätigt diese Vermutung. Nach wie vor reicht kein moderner Spruch an das klassische Zitat des Augustinus von Hippo heran. Allenfalls Einstein kann da parieren. Wer könnte ihm widersprechen, wenn er messerscharf die Zeit als das definiert, was man an der Uhr abliest. Das stimmt und ist doch viel zu eng. Denn die Zeit kann viel mehr, sie heilt nicht nur alle Wunden, löst alle Probleme, sie ist auch voller Widersprüche, hat vielerlei metaphysische Eigenschaften. Sie erweist sich als Verbündeter, Feind oder Freund, arbeitet für oder gegen uns, ist eine Verwandte der Ewigkeit. Was aber kommt nach der Zeit?

Diese Frage lässt sich in unserem Kontext leicht beantworten: Die Organisation! Gehört diesem großen Wort gar die Zukunft, wie es Christian Morgenstern vermutet? Jedenfalls gilt unumstößlich Alfred Chandlers »structure follows strategy«. Damit schließt sich der Kreis. Denn von Strategie wollten wir hier reden.

Geschäftsdefinition und Strategie

In the factory we make cosmetics, in the drugstore we sell hope.

Charles Revson

We will be in the railroad business first and foremost.

Philip Anschutz

Railroads are not in the railroad business.

Theodore Levitt

Rolex is not in the watch business.

André Heiniger

Der zweite Porsche in der gleichen Straße ist eine Katastrophe.

Peter Schutz

Der Nerzmantel dient nicht dazu, die Frau warm zu halten, sondern sie ruhig zu halten.

Anonymus

Es gibt kein schlechtes Wetter; es gibt nur ungeeignete Kleidung.

Johannes Müller

We are a research-driven product company. We are not a market-driven company.

Max de Pree

Ein Geschäft, das nichts als Geld verdient, ist ein schlechtes Geschäft.

Henry Ford

Eine Bank lebt von den schlechten Geschäften, die sie unterlässt.

Anonymus

A bank is a place where they lend you an umbrella in fair weather and ask for it back again when it begins to rain.

Robert Frost

Gerhard Vollmer	Eine Uhr kann nichts weiter als die Zeit anzeigen.
Peter F. Drucker	Business has only two functions – marketing and innovation.
Anonymus	Neue Besen kehren gut. Aber die alten kennen die Ecken.
Hermann Simon	Die wichtigen Dinge im Geschäft stehen nicht in den Lehrbüchern. Man kann sogar sagen, dass etwas umso wichtiger ist, je weniger es dort erwähnt wird. Beispiel: das Geschäftsessen.
Carl von Clausewitz	Strategie ist der Gebrauch des Gefechts zum Zweck des Krieges.
Carl von Clausewitz	Strategie macht die Entwürfe zu den einzelnen Feldzügen und ordnet in diese die einzelnen Gefechte an.
Carl von Clausewitz	Die Strategie muss mit ins Feld ziehen, um das Einzelne an Ort und Stelle anzuordnen und für das Ganze die Modifikationen zu treffen, die unaufhörlich erforderlich werden. Sie kann also ihre Hand in keinem Augenblick von dem Werke abziehen.
Hermann Simon	Strategie ist die Kunst und die Wissenschaft, alle Kräfte eines Unternehmens so zu entwickeln und einzusetzen, dass ein möglichst profitables, langfristiges Überleben gesichert wird.

Es ist unnütz, etwas mit mehr zu tun, **William of Occam**
was auch mit weniger getan werden
kann.

A strategy is only as good as the **Burt Nanus**
vision that guides it.

The essence of strategy is choosing **Michael E. Porter**
what not to do.

Strategie ist ein **Horst Carus**
Kommunikationsprozess.

We were fooled by our own strategic **Andrew Grove**
rhetoric.

In most American companies the **Ronald Henkoff**
urgent has driven out the important.

People formulate strategy with their **Andrew Grove**
fingertip. Day in and day out they
respond to things, by virtue of the
products they promote, the price
concessions they make, the
distribution channels they choose.

Countless 5-year-plans are gathering **Ronald Henkoff**
dust – they are impossibly specific
prognostications about costs, prices
and market share long forgotten.

Die strategische Planung ist heute das **Thorlef Spickschen**
wichtigste wissenschaftliche
Verfahren, um zu falschen
Ergebnissen zu kommen.

Plans are nothing; planning is **Dwight D. Eisenhower**
everything.

Hermann Simon	Unternehmensstrategie ist wie Gärtnerei: Man muss wachsen lassen und schneiden.
Michael E. Porter	The essence of strategy is to identify a different position from those of rivals.
Michael E. Porter	Imitation is the most common error in strategy.
John H. Herz	In der Strategie wie in der Diplomatie wird es immer schwerer, die einmal eingeschlagene Richtung zu ändern.
Michael E. Porter	Successful companies rarely change their fundamental strategic positions, they remain committed to remarkably consistent strategic directions.
Theodore Levitt	Sustaining success is largely a matter of focusing regularly on the right things and making a lot of uncelebrated little improvements every day.
Ingo Krauss	Billig, gut, schnell. Wählen Sie jede Zweierkombination aus, aber alle drei zusammen ist unmöglich.
Steigenberger Vision	Schnell, schlank, stark.
Steven P. Schnaars	An integral part of a flexible strategy is an emphasis on spotting an outcome as soon as possible. It is a strategy based on the principle of fast reaction rather than long-range anticipation.

At too many companies strategic planning has become overly bureaucratic, absurdly quantitative and largely irrelevant.

Ronald Henkoff

Spitzenrenditen erwirtschaftet nur der Marktführer.

Rolf Berth

Wer zu viele Eisen im Feuer hat, dem werden einige kalt.

Anonymus

A small business is not a little big business.

Anonymus

Klein ist das Eichhörnchen. Aber es ist kein Sklave des Elefanten.

Nigerianisches Sprichwort

Groß sein in kleinen Märkten!

Motto der Firma Steinbeis

Wer sich als Kleinerer nach dem Vorbild der Größeren oder gar der Marktführer verhält, wird niemals groß. Er muss sich in den Lücken zwischen ihnen entwickeln. Statt immer gleicher sollten sie immer ungleicher werden.

EKS Strategie

Die richtige Antwort in der Strategie ist selten »entweder – oder«, sondern meistens »sowohl als auch«.

Hermann Simon

Alles, was gut geht, wird im Nachhinein als Strategie erklärt.

Gerhard Schröder

Nur Strategie sichert auf Dauer hohe Erträge.

Michael E. Porter

Größer ist nicht identisch mit besser.

Hermann Simon

Edward Roberts Our strategy is: don't dance where the elephants play.

Kompetenzen und Fähigkeiten

Deutsches Sprichwort Wo deine Gaben liegen, da liegen auch deine Aufgaben.

François La Rochefoucauld Um es in der Welt zu etwas zu bringen, muss man so tun, als habe man es zu etwas gebracht.

Jacob Burckhardt Nicht jede Zeit findet ihren großen Mann, und nicht jede große Fähigkeit findet ihre Zeit.

aus den USA Der einzige Beweis für Fähigkeiten sind Leistungen.

Howard Gardner When it comes not merely to understanding complex tools or machinery but also to devising of new inventions, a combination of several intelligences is clearly desirable.

Hermann Simon Strategie erfordert die Integration von externen Chancen und internen Kompetenzen.

Hermann Holtz The truly well-rounded consultant, and generally the most successful one, functions well in many professional capacities: consultant, lecturer, writer, teacher, leader, mentor. Consulting itself is only the beginning.

Few people do business well who do nothing else.

Philip Dormer Stanhope

If I can't picture it, I can't understand it.

Albert Einstein

Wir konzentrieren uns auf das, was wir können, und das tun wir weltweit.

Gerhard Cromme

Ich will nicht sagen, es sei unmöglich, der Maschine intuitive Fähigkeiten zu geben, doch wäre es einfach unwirtschaftlich, sie auf etwas anzusetzen, was der Mensch viel besser kann.

Norbert Wiener

Emotion is integral to the process of reasoning. I even suspect that humanity is not suffering from a defect in logical competence but rather from a defect in the emotions that inform the deployment of logic.

Antonio R. Damasio

Sicher können Computer Probleme lösen, Informationen speichern, kombinieren und Spiele spielen – aber es macht ihnen keinen Spaß.

Leo Rosten

Sie halten all das für unmöglich, wozu sie selbst nicht imstande sind. Aus ihrer eigenen Schwäche leiten sie ihre Ansicht über das Leistungs- vermögen der anderen ab.

Seneca

Wären die Börsenexperten wirklich so beschlagen, würden sie Aktien kaufen statt Beratung anzubieten.

Norman R. Augustine

Anonymus	Kunst kommt von Können, und Qualität kommt von Qual.
Arthur Schopenhauer	Jeder dumme Junge kann einen Käfer zertreten. Aber alle Professoren der Welt können keinen herstellen.
Leo B. Helzel	Do what you know and do it best. Build on your specialized knowledge and experience.
George Bernard Shaw	The price of ability does not depend on merit, but on supply and demand.
Ernest Starling	Die Aufgabe, die Sie mir übertragen wollen, ist so schwierig, dass ich nicht wage, sie abzulehnen.
Gerhard Uhlenbruck	Nicht die Aufgaben sollen einem über den Kopf wachsen, sondern der Kopf über den Aufgaben wachsen.
John Ruskin	When love and skill work together, expect a masterpiece.
John Chambers	I learned early in life there might be people smarter than you, but if you have a combination of skills and strategy you can beat them.
Jean-Jacques Servan-Schreiber	Man beherrscht nur Dinge gut, zu denen man Abstand gewonnen hat.
Jean-Jacques Servan-Schreiber	Abstand nehmen geht jeder Beherrschung voraus: Um voranzukommen, muss man das, was man tut, beobachten und beurteilen, während man es tut.

Die moderne Physik ist für die Physiker viel zu schwer.

David Hilbert

Man muss sein Leben aus dem Holz schnitzen, das man zur Verfügung hat.

Theodor Storm

Ich wüsste nicht, wessen Geist ausgebreiteter wäre, ausgebreiteter sein müsste als der Geist eines echten Handelsmannes.

Johann Wolfgang von Goethe

Vielseitigkeit mag ich nicht recht oder glaube eigentlich nicht recht daran. Was eigentümlich und schön und groß sein soll, das muss einseitig sein.

Felix Mendelssohn-Bartholdy

Wenn du Erfolg haben willst, begrenze dich.

Charles Augustin de Sainte-Beuve

Den meisten fehlt die Fähigkeit, das Wesentliche eines Gespräches, einer Lektüre, einer Untersuchung zusammenzufassen. Sie wissen das allerdings nicht.

Hermann Simon

Es gibt keine Schwächen, sondern nur Verbesserungspotenziale. Schwächen entstehen nur durch den Glauben an ihre Unverbesserlichkeit.

Hermann Simon

An expert is a man who has made all the mistakes which can be made in a very narrow field.

Niels Bohr

Der Experte ist ein Mensch, der die kleinen Irrtümer vermeidet, während er dem großen Trugschluss entgegentreibt.

Benjamin Stolberg

José Ortega y Gasset Der Spezialist ist nicht gebildet; denn er kümmert sich um nichts, was nicht in sein Fach schlägt. Aber er ist auch nicht ungebildet; denn er ist ein Mann der Wissenschaft und weiß in seinem Weltausschnitt glänzend Bescheid. Wir werden ihn einen gelehrten Ignoranten nennen müssen, und das ist eine überaus ernste Angelegenheit; denn es besagt, dass er sich in allen Fragen, von denen er nichts versteht, mit der ganzen Anmaßung eines Mannes aufführen wird, der in seinem Spezialgebiet eine Autorität ist.

Moritz Heimann Es ist leichter, zehn praktische Gedanken zu fassen als einen theoretischen, und wiegt auch dementsprechend weniger.

Gerhart Hauptmann Wer tiefer irrt, der wird auch tiefer weise.

Francis Picabia Unser Kopf ist rund, damit das Denken die Richtung wechseln kann.

Hermann Simon Manche Wissenschaftler treiben die Untersuchungen totaler Nichtigkeit zu methodischer Perfektion.

Emil Gött Das Leben ist schwer – ein Grund mehr, es auf die leichte Schulter zu nehmen.

Anonymus Solange du glaubst, ohne dich ginge es nicht, solange geht es ohne dich besser.

Es gibt zwei Wege, sich zu bilden. Der eine geht im Tale entlang den Bächen und Flüssen. Man misst, schreitet vor und zurück, und kommt am Ende wohl zu einem Begriff dessen, was man durchschritten. Der andere führt gerade auf den Berg, von wo herab du das ganze Stromgebiet mit einem Blicke überschaust.

Karl Immermann

Wir brauchen möglichst viele Knowbodies.

Hermann Simon

Das Vergnügen, das mir die genaue Bemerkung eines Fehlers an mir machte, war oft größer als der Verdruss, den der Fehler selbst bei mir erweckte.

Georg Christoph Lichtenberg

Wir Deutschen leiden alle an der Hypochondrie der »Verpflichtungen«. Sie macht unsere Stärke und unsere Schwäche aus.

Christian Morgenstern

Operations Research ist die exakteste Methode, praktische Probleme nicht in den Griff zu bekommen.

Hermann Simon

Kein Ding auf dieser Welt ist besser verteilt als der gesunde Menschenverstand.

René Descartes

Die Fähigkeit, auf welche die Menschen den meisten Wert legen, ist die Zahlungsfähigkeit.

Oskar Blumenthal

Schwachheiten schaden uns nicht mehr, sobald wir sie kennen.

Georg Christoph Lichtenberg

Gerhard Fels Kernkompetenz statt Kernenergie!

Novalis Wenn man erst will, dann kann man auch.

Zeit

Steven Wright Everything is within walking distance, if you have enough time.

Sophokles Es ist die Zeit ein milder Gott.

Theophrast Zeit ist Geld.

George Gisling Zeit ist Geld – das ist der vulgärste Ausspruch, den je ein Zeitalter oder ein Volk gekannt hat. Dreh ihn um, und du erhältst eine kostbare Wahrheit – Geld ist Zeit.

Leo B. Helzel Think of time as money and be frugal with both.

John Hammond In the past, people invested time to save money, today people invest money to save time.

Meyer Friedman Whenever you can, buy time with your money.

Augustinus Was aber ist die Zeit? Wenn ich selber darüber nachdenke, so weiß ich es. Wenn mich aber jemand fragt, ihm die Zeit zu erklären, so weiß ich es nicht.

Albert Einstein Zeit ist das, was man an der Uhr abliest.

Alles ist fremdes Eigentum. Nur die
Zeit gehört uns: Einzig dieses
flüchtige, leise enteilende Gut hat
uns die Natur wirklich zu Eigen
gegeben, und doch vertreibt uns
daraus jeder Beliebige.

Seneca

Es ist viel später, als du denkst.

aus China

Die zwei größten Tyrannen der Erde:
der Zufall und die Zeit.

Johann Gottfried Herder

Die Zeit ist der schlimmste Feind des
Menschen.

Yagoov Ag

For tribal man space was the
uncontrollable mystery. For
technological man it is time that
occupies the same role.

Herbert Marshall McLuhan

Work expands so as to fill the time for
its completion.

Northcote Parkinson

Wir haben nicht zu wenig Zeit, aber
wir verschwenden zu viel davon.

Seneca

Time is what we want most, but what
we use worst.

William Penn

Die Zeit ist immer reif, es fragt sich
nur wofür.

François Mauriac

Wer keine Zeit hat, wird nicht reif.

Friedrich Georg Jünger

Eilen hilft nicht. Zur rechten Zeit
aufzubrechen, ist die Hauptsache.

Jean de la Fontaine

Ich habe keine Zeit, mich zu beeilen.

Igor Strawinsky

Jean Dutourd	Die Ungeduldigen kommen immer zu spät.
Chinesische Weisheit	Der Weise kennt keine Hast, und der Hastende ist nicht weise.
Sten Nadolny	Der Häuptling war der Meinung, dass Sie mehrere Leben haben, Sir: Wegen Ihrer Stirnnarbe und, verzeihen Sie, wegen Ihres Reichtums an Zeit. Wer unsterblich ist, muss der Chef sein.
Gerhart Hauptmann	In den modernen Großstädten rennen die Menschen hinter sich selbst her und erreichen sich selten.
Georg Christoph Lichtenberg	Die Leute, die niemals Zeit haben, tun am wenigsten.
Seneca	Halte dir die rasende Schnelligkeit der Zeit vor Augen, bedenke die Kürze der Bahn, die wir wie gepeitscht durchstürmen, betrachte den Zug des Menschengeschlechtes, der ein und demselben Ziele entgegenstrebt, nur durch kleine Zwischenräume getrennt.
Wilhelm Busch	Wer zu spät kommt, sieht nach der Uhr.
Deutsches Sprichwort	Die Zeit heilt alle Wunden.
Karl Gutzkow	Von allen Heilmitteln der Seele ist die Zeit zwar das wirksamste, aber auch das kostspieligste. Man muss es mit seinem unwiederbringlichen Dasein bezahlen.

You have only one option available to
you: eliminate some of the activities
with which you are overstuffing your
available time.

Meyer Friedman

When there are no events, there is no
time.

Meyer Friedman

Man muss sich Zeit nehmen für
wichtige Entscheidungen in
Grundfragen. Das macht zahlreiche
kleine Entscheidungen überflüssig.
Die Mehrzeit, die man auf die großen
Entscheidungen verwendet, wird
mehr als eingespart bei den kleinen
Entscheidungen.

Thomas A. Harris

Es gibt eine Dialektik, die zu
durchschauen nützlich ist: Was in
Monaten vorbereitet wurde, zahlt
sich in Minuten aus, und was in
Sekunden verkehrt gemacht wird,
beeinflusst ganze Jahre negativ.
Daher ist es angebracht, sich sowohl
auf Jahre als auch auf Sekunden
einzustellen: durch ein
Zeitmanagement, das sorgfältige
Navigation mit
Reaktionsschnelligkeit verbindet.

Sten Nadolny

Zu allen Dingen lasse man sich Zeit;
nur nicht zu den ewigen.

Karl Kraus

Die Zeit und ich nehmen es mit zwei
anderen auf.

Philipp II.

Timing is strategy. There is timing in
everything.

Steven Schlosstein

Peter F. Drucker Timing is a most important element in the success of any effort.

Otto von Bismarck Wir können die Uhren vorstellen, die Zeit geht aber deshalb nicht rascher, und die Fähigkeit zu warten, während die Verhältnisse sich entwickeln, ist eine Vorbedingung praktischer Politik.

Abraham Lincoln Things may come to those who wait, but only things left by those who hustle.

Sten Nadolny Es gibt für alles zwei Zeitpunkte, den richtigen und den verpassten.

Arthur Schnitzler Bereit sein ist viel, warten zu können ist mehr, doch erst den rechten Augenblick nützen, ist alles.

Heinrich von Pierer Wir müssen lernen, den Faktor Zeit als strategische Waffe einzusetzen.

Lewis Carroll Man muss so schnell laufen, wie man kann, um wenigstens auf der Stelle zu bleiben.

Alfred Herrhausen Das meiste der Zeit geht verloren, weil man nicht zu Ende denkt.

Alberto Moravia Die Zeit ist ein unsicherer Verbündeter, man weiß nie genau, für wen sie eigentlich arbeitet.

Nikolaus Cybinski Die Zeit rast nun einmal davon – getrieben von der Panik der Eintagsfliegen.

Die Zeit arbeitet nicht für Sie. Sie
müssen es selbst tun.

Handelsblatt

Alles Vorhaben unter dem Himmel
hat seine Stunde.

Prediger Salomo 3,1

Speed is useful only if you are
running in the right direction.

Anonymus

Speed and agility become paramount
virtues.

Fortune Magazine

Technologische Führerschaft ist oft
nur eine Frage der Geschwindigkeit.
Der Schnellere erscheint als der
technologische Führer.

Hermann Simon

Die Deutschen kommen immer zu
spät. Sie sind spät wie die Musik, die
immer von allen Künsten die letzte
ist, einen Weltzustand auszudrücken
– wenn dieser Weltzustand schon im
Vergehen begriffen ist.

Thomas Mann

In der Fähigkeit, ihre Zeit zu nutzen,
besteht die wahre Infrastruktur der
voll entfalteten Persönlichkeit.

Lucien Csève

Wir arbeiten nicht nur, um etwas zu
produzieren, sondern auch, um der
Zeit einen Wert zu geben.

Eugène Delacroix

Die Menschen sind ihrer Zeit
ähnlicher als ihren Vätern.

Heinrich Leberecht Fleischer

Zu früh kommen ist genauso schlecht
wie zu spät kommen. In beiden
Fällen missachtet man den Besuchten.

Hermann Simon

Seneca Niemand vermeint etwas schuldig zu sein, wenn er Zeit empfangen hat, obwohl doch sie das Einzige ist, was nicht einmal der Dankbare zurückerstatten kann.

Michael Le Boeuf Beim Nein-Sagen haben viele Menschen Schuldgefühle. Diese Schuldgefühle entstehen normalerweise aus der falschen Annahme, dass die Zeit anderer Menschen wichtiger als die eigene ist.

Hermann Lübbe Pünktlichkeit ist eine moderne Tugend, nämlich ein Mechanismus zur Koordination der Zeit.

Hermann Simon Unpünktliche Menschen vergeuden anderer Leute Zeit, als wäre es ihre eigene.

John A. Wheeler Time is nature's way to keep everything from happening all at once.

Seneca Ich wundere mich immer, wenn ich sehe, dass jemand um Zeit bittet, und der, der darum gebeten wird, sich sehr gefällig zeigt. Es wird gleichsam um nichts gebeten, gleichsam auch nichts gewährt, man spielt mit der allerwertvollsten Sache. Es entgeht jenen aber die Tatsache, dass diese Sache unkörperlich ist, und deshalb schätzt man sie recht gering ein, ja sie hat fast überhaupt keinen Wert. Man gebraucht sie so gedankenlos, als koste sie nichts.

Die Zeit zerstört alles, was getan wurde, und die Zunge alles, was zu tun ist. **Belgisches Sprichwort**

Zeit oder Freizeit? Das ist heute die Frage. **Hermann Simon**

Weißt du, was in dieser Welt mir am meisten wohlgefällt? Dass die Zeit sich selbst verzehrt und die Welt nicht ewig währet. **Friedrich von Logau**

Zeit haben nur diejenigen, die es zu nichts gebracht haben, und damit haben sie es weiter gebracht als die anderen. **Giovanni Guareschi**

Wer lange studiert, der lässt sich auch sonst im Leben viel Zeit. **Hermann Simon**

Allow yourself time for breakfast. If this means getting up earlier, do so. **Meyer Friedman**

Lege dir jeden Tag für deine Sorgen eine halbe Stunde zurück. Und in dieser Zeit mache ein Schläfchen. **Chinesische Weisheit**

Private Zeit muss man genauso im Terminkalender eintragen wie berufliche Zeit, sonst kommt sie zu kurz. **Hermann Simon**

Wo nehme ich die Zeit her, so viel nicht zu lesen. **Karl Kraus**

Es wäre gut, Bücher zu kaufen, wenn man die Zeit, sie zu lesen, mitkaufen könnte. **Arthur Schopenhauer**

Anonymus
The first 90 percent take 90 percent of the time, and the last 10 percent take the other 90 percent. So-called 90:90-rule of projects.

Max Frisch
Die Zeit verwandelt uns nicht. Sie entfaltet uns nur.

Franz Grillparzer
Wer in der Zeit immer nur das Alte sieht, ist ein Pedant. Wer in ihr nur Neues erblickt, ist ein Dummkopf.

Helmut Kernler
Wer nicht mit der Zeit geht, der geht mit der Zeit.

Dieter Schadt
Ich habe immer Zeit. Die meisten Dinge können nämlich andere besser als ich. Und wenn das der Fall ist, dann lasse ich das andere machen. Ich beschränke mich auf das, was ich besser kann. Und das ist nicht so viel.

Georg Christoph Lichtenberg
Die Sanduhren erinnern nicht bloß an die schnelle Flucht der Zeit, sondern auch zugleich an den Staub, in welchen wir einst verfallen werden.

Arthur Schopenhauer
Solange wir jung sind, man mag uns sagen, was man will, halten wir das Leben für endlos und gehen danach mit der Zeit um. Je älter wir werden, desto mehr ökonomisieren wir unsere Zeit. Denn im späteren Alter erregt jeder verlebte Tag eine Empfindung, welche der verwandt ist, die bei jedem Schritt ein zum Hochgericht geführter Deliquent hat.

Only through time time is conquered. **T. S. Eliot**

Organisation

»Organisation« ist das große Wort, **Christian Morgenstern**
dem die Zukunft gehört.

Organizations exist to enable **Theodore Levitt**
ordinary people to do extraordinary
things.

Das Vorbild für die Organisation der **Peter F. Drucker**
Zukunft ist das Orchester.

Take my assets – but leave me my **Alfred Sloan**
organization and in five years I will
have it all back.

Structure follows strategy. **Alfred Chandler**

Parkinson's Third Law: expansion **Northcote Parkinson**
means complexity, and complexity
decay. Or: the more complex the
sooner dead.

Die Welt ist heute nicht komplexer als **Hermann Simon**
früher. Es gibt nur mehr Leute, die sie
komplex reden.

Today there is only one entity whose **Ruzaburo Kaku**
effort to create stability in the world
matches its self-interest. That entity is
a corporation acting globally.

The quiet suffocation of the **Rosabeth M. Kanter**
entrepreneurial spirit in segmential
companies.

Manfred Eigen Was bei unseren Forschungen herauskam, war, verkürzt gesagt, die Erkenntnis, dass in der Natur alles optimal geregelt ist.

Hermann Simon Organisation sollte von »organisch« kommen.

Ralph Waldo Emerson Every institution is the long shadow of one man.

Hans-Jürgen Warnecke In herkömmlichen Organisationsstrukturen bringen nur 10 bis 20 Prozent der Mitarbeiter ihr volles Leistungspotenzial.

John Scott Haldane There is a most convenient size, and a large change in size inevitably carries with it a change of form.

Harald Jürgensen Großbetriebe sind deswegen weniger kreativ als Kleinbetriebe, weil in großen Unternehmen oft versucht wird, das nächste Problem nicht durch Denken zu lösen, sondern durch die Einstellung eines neuen Mitarbeiters.

Percy Barnevik I believe big organizations are inherently negative. They create so much slowness, bureaucracy, distance from the customers, take away initiative from the people and attract the sort of people who survive in a big organization.

Norman R. Augustine Die letzten 10 Prozent Leistung erzeugen ein Drittel der Probleme.

I've developed what I call ›the rule of **Tom Peters**
five‹: no more than five central
staffers per billion dollars in revenue
booked! Funny things, I'm serious.
Only a fickle, decentralized operation
will survive in a fickle, decentralized
global economy. One essential
element of decentralization is the
demise of central staffs.

Ideally you should have a minimum **Percy Barnevik**
of staff to disturb the operating
people and prevent them from doing
the more important jobs.

The Peter Principle: In a hierarchy **Laurence J. Peter**
every employee tends to rise to his
level of incompetence.

Es gibt drei Möglichkeiten, eine **Oswald Dreyer-Eimbcke**
Firma zu ruinieren: Mit Frauen, das
ist die Angenehmste; mit Spielen, das
ist die Schnellste; mit Computern, das
ist die Sicherste.

Very few things worth measuring can **Meyer Friedman**
be measured.

In guten Zeiten ist der Aufsichtsrat **Horst Schmitz**
nutzlos, in schlechten hilflos.

Die meisten Firmen sind zu komplex, **Hermann Simon**
weil jemand etwas Gutes tun will.

Ein Ausschuss ist eine Gruppe **Fred Allen**
Unvorbereiteter, die von den
Unwilligen ernannt werden,
damit sie das Unnötige tun.

aus England	Ein Kamel ist ein Pferd, das von einem Ausschuss entworfen wurde.
Norman R. Augustine	Der optimale Ausschuss hat keine Mitglieder.
Eileen Shanahan	The length of a meeting rises with the square of the number of people present.
John Kenneth Galbraith	Meetings are indispensable when you don't want to do anything.
Fortune Magazine	The greatest challenge for the manager of intellectual capital is to create an organization that can share the knowledge.
Hermann Simon	Die Fertigungstiefe war so gering, dass man bis auf den Grund sehen konnte.
Hermann Simon	Eine strategische Allianz zwischen zwei Starken ist äußerst selten.
Hermann Simon	Das, was sie »strategische Allianz« nannten, war weder strategisch noch eine Allianz.
Fortune Magazine	It's much harder to change direction in the context of an alliance.
Malcolm Muggeridge	Am längsten halten die Bündnisse, deren Partner einander nicht umarmen, sondern auf Tuchfühlung bleiben.
Warren Bennis	Every organization has a Siberia.

Für jede Organisation gibt es
Spielregeln. Eine Firma ist kein
Freundeskreis, sondern eine
geschäftliche Veranstaltung.

Hermann Simon

Kampf um Markt, Geld und Kunden

In meinem ersten Volkswirtschaftssemester fragte ich einmal einen Dozenten, ob er mir in kurzen Worten erklären könne, wie der Markt funktioniere. Er zeigte sich erstaunt ob dieser dummen Frage. Vielleicht wusste er trotz – oder gerade wegen – seiner hochabstrakten mathematischen Modelle wirklich nicht, wie dieser seltsame gesellschaftliche Prozess, den wir Markt nennen, abläuft. Es ist in der Tat erstaunlich, dass immer die ungefähr richtige Menge von Bananen, Autos oder Flugzeugsitzen zur Verfügung steht. Ein Wunder? Ja und nein!

Zu einem Markt gehören Geld, Kunden und Konkurrenten: Das sind die Facetten des vorliegenden Kapitels. Sie sind äußerst vielfältig, und die Sprüche vermitteln Einsichten nicht nur in so dummgrundlegende Fragen wie die obige, sondern auch in zahlreiche verborgene Teilaspekte. Wer bedenkt schon vordergründig, dass das Gewinnstreben anderen nützt, die man überhaupt nicht kennt. Friedrich von Hayek bringt uns diese Einsicht in brillanter Form nahe. Geld ist also Bindeglied zwischen Menschen, die sich nie gesehen haben und nie sehen werden. Der Preis ist das Signal, das diese Menschen miteinander austauschen. Doch Geld verbindet auch die Gegenwart mit der Zukunft, wie John Maynard Keynes treffend beobachtet. Eine weitere seltsame Eigenschaft von Geld: Es erzeugt weiteres Geld, wenn es gespart und angelegt wird. Ist Geld also etwas Lebendiges? In gewisser Weise schon, da sein Charakter und Wert nicht im Materiellen liegen, sondern in der Interaktionswirkung zwischen Menschen. Am deutlichsten wird dies im modernen »electronic cash«. Geld ist Information! Natürlich sind die Meinungen zum Geld gespalten. Oscar Wilde berichtet hierzu einige besonders originelle Beobachtungen, etwa dass die Nichtbegleichung von Schulden ein ausgezeichnetes Mittel sei, sich bei den Kaufleuten in Erinnerung zu halten. Ähnlich stark polarisieren die Meinungen zum Gewinn. Ist der Gewinn nun etwas Gutes oder etwas Schlechtes? Jedenfalls kann man Erich Gutenberg, dem Vater der deutschen Betriebswirtschaftslehre auf gut westfälisch beipflichten, dass am Gewinnmachen noch keine Firma kaputt gegangen ist.

Ob eine Firma allerdings Gewinn macht, entscheidet nicht zuletzt der Kunde. Ist dieser nun der verwöhnte Liebling des Unternehmens wie ihn die Marketingbücher idealisieren oder ist er der Störenfried, der mit seinen unangemessenen Anforderungen die geordneten Betriebsabläufe durcheinanderbringt? Hat sich trotz vierzig Jahren »Marketing«, trotz unendlich vieler Lippenbekenntnisse nicht vieles zum Besseren geändert? Die Beobachtungen unserer Sprüchemacher lassen jedenfalls Skepsis aufkommen. Wissen die Mitarbeiter in den meisten Firmen immer noch nicht, dass der Kunde der wirkliche Arbeitgeber ist? Da tröstet die Beobachtung von Reinhard Sprenger, dass es zumindest einen Angestellten mit permanenter Kundenorientierung gibt: den Kaufhausdetektiv.

Aber die Konkurrenz wird das schon richten. Sie ist die Peitsche auf dem Rücken der faulen Wettbewerber. Sollten Firmen gar für scharfe Konkurrenten dankbar sein? Ja, denn nur harte Konkurrenz macht topfit für den globalen Wettbewerb. Wie aber findet man den entscheidenden Wettbewerbsvorteil? Nicht durch Imitation, wie wir lernen, sondern nur durch originäre Kreativität. Das Problem: Jeder weiß, das man es anders machen muss als die Konkurrenten, aber was »anders« konkret heißt, ist damit noch lange nicht klar. In dieser vertrackten Situation hilft amerikanischer Pragmatismus: »The difference between the ordinary and the extraordinary is the little extra«. Ein kleines Extra und Sie sind Spitze. So einfach ist das!

Markt

Mir scheint im Gegenteil, dass sich dort unmöglich zufrieden leben lässt, wo alles Gemeineigentum ist. Denn woher sollte die erforderliche Menge der Produkte kommen, wenn sich jeder um die Arbeit drückt, weil ihn ja doch keine Sorge um sein tägliches Brot anspornt und die Spekulation auf den Fleiß der andern ihn faul macht?

Thomas Morus

There is no power on earth like the power of the free marketplace, and governments hate it because they cannot control it.

Walter Wriston

The inherent vice of capitalism is the unequal sharing of blessings; the inherent vice of socialism is the equal sharing of miseries.

Winston Churchill

The fear of capitalism has compelled socialism to widen freedom, and the fear of socialism has compelled capitalism to increase equality.

Will Durant

Under capitalism, the seller chases after the buyer, and that makes both of them work better; under socialism, the buyer chases the seller, and neither has time to work.

Andrei Sacharow

All the features and achievements of modern civilization are, directly or indirectly, the products of the capitalist process.

Joseph Schumpeter

Friedrich von Hayek	The pursuit of gain is the only way in which people can serve the needs of others whom they do not know.
Frank Borman	Capitalism without bankruptcy is like christianity without hell.
Winston Churchill	It is a socialist idea that making profits is a vice; I consider the real vice is making losses.
Eugen von Böhm-Bawerk	The higher a people's intelligence and moral strength, the lower will be the prevailing rate of interest.
Abraham Lincoln	Man kann den Armen nicht helfen, indem man die Reichen vernichtet.
Abraham Lincoln	Man hilft den Menschen nicht, wenn man für sie tut, was sie selbst tun können.
Paul Getty	Würde alles Geld und Gut dieser Welt an einem beliebigen Tag um drei Uhr nachmittags gleichmäßig unter die Erdenbewohner verteilt, so könnte man schon um halb vier erhebliche Unterschiede in den Besitzverhältnissen der Menschen feststellen.
Milton Friedman	Im Markt wird täglich abgestimmt – an der Kasse.
John Gutfreund	The market is a moving target.
Deutsches Sprichwort	Am Markt lernt man die Leute kennen.

Jedes Gut wandert in der Marktwirtschaft zum besten Wert.

Carl-Christian von Weizsäcker

Als Sechsjähriger lernte ich, dass man für eine weiße, seltene Murmel fünf braune, häufige Murmeln hergeben musste. Viel mehr braucht man über den Markt nicht zu wissen.

Hermann Simon

Mache Heu, solange die Sonne scheint.

Sprichwort aus Simbabwe

Wer den kalten Wind nicht aushält, der hat auf dem Gipfel nichts zu suchen.

Anonymus

Vertrauen wird dadurch erschöpft, dass es in Anspruch genommen wird.

Bertolt Brecht

Detroit made a huge mistake in failing to cultivate the Asian Market.

Fortune Magazine

Before you can have a share of market, you must have a share of mind.

Leo Burnett

Marktanteil ist zukünftiges Gewinnpotenzial.

Kajo Neukirchen

Alle Formen der Marktbeherrschung müssen Anlass zur Sorge geben, alle.

Mancur Olson

Es gibt einen unersättlichen Hunger nach Dienstleistungen.

Heik Afheldt

Überlegenheit kann nur intern entstehen. Man kann sie nicht am Markt einkaufen.

Hermann Simon

Andreij Smirnow Wir sollten die Schwächen der Kapitalisten nicht überschätzen. Jedes Jahr werden sie von der Einkommensteuer ausgerottet, und jedes Jahr sind sie wieder da.

John Maynard Keynes Practical men, who believe themselves to be quite exempt from any intellectual influences, are usually the slaves of some defunct economist.

Hermann Simon Wichtiger als die Marktanteil-Führerschaft ist die psychologische Marktführerschaft.

Jürgen Jeske Märkte sind keine Erbhöfe.

Geld, Wert, Gewinn

Johann Nestroy Die Phönizier haben das Geld erfunden – aber warum nur so wenig?

George Bernard Shaw Lack of money is the root of all evil.

Thomas Gresham Bad money drives out good money.

John Maynard Keynes The importance of money essentially flows from its being a link between the present and the future.

George Savile Those who are of the opinion that money will do everything may very well be suspected to do everything for money.

W. L. Gore & Associates, Inc. To make money and have fun!

Entweder Sie bekommen hohe Zinsen oder Sie bekommen Ihr Geld zurück. **Hermann Josef Abs**

Without development there is no profit, without profit no development. **Joseph Schumpeter**

If you're so smart, why ain't you rich? **The American Question**

Money makes money. And the money that money makes makes more money. **Benjamin Franklin**

The easiest way of making money is to stop losing it. **Robert Heller**

Eine Million gespart heißt eine Million verdient. **Norman R. Augustine**

If you can actually count your money you are not really a rich man. **Paul Getty**

Geld spricht alle Sprachen. **Anonymus**

The buck stops here! **Harry S. Truman**

If a man has money, it is usually a sign that he knows how to take care of it. **Edgar Watson Howe**

Der typische moderne Mann betrachtet Geld als ein Mittel, zu mehr Geld zu kommen. **Bertrand Russell**

Money is like a sixth sense without which you cannot make a complete use of the other five. **William Somerset Maugham**

Plautus Du musst Geld ausgeben, wenn du welches verdienen willst.

Leo B. Helzel Cash is cash. Everything else is a journal entry.

Winston Churchill Saving is a very fine thing. Especially when your parents have done it for you.

Bertolt Brecht Ich verachte die Leute, deren Gehirn nicht fähig ist, ihren Magen zu füllen.

Walter Sickert Nothing links man to man like the frequent passage from hand to hand of cash.

Oscar Wilde It is only by not paying one's bills that one can hope to live in the memory of the commercial classes.

Alan Waters Money is used to pay bills and credit is used to delay paying them.

Mark Twain Die Bank leiht Ihnen Geld, wenn Sie beweisen können, dass Sie es nicht brauchen.

Amerikanisches Sprichwort Liebe zum Geld erzeugt die eine Hälfte der Übel in dieser Welt, Mangel an Geld die andere.

Jean-Jacques Rousseau Das Geld, das man besitzt, ist das Mittel zur Freiheit.

F. J. Raymond Next to being shot at and missed, nothing is really quite as satisfying as an income tax refund.

In all recorded history, there has not
been one economist who has had to
worry about where the next meal
would come from.

Peter F. Drucker

Alles, was uns wirklich nützt, ist für
wenig Geld zu haben. Nur das
Überflüssige kostet viel.

Axel Munthe

Wenn sich die Gerechten dieser Welt
über Nacht in Spitzbuben
verwandelten, wäre nicht viel davon
zu merken.

Karl-Heinrich Waggerl

What we obtain too cheaply, we
esteem too lightly; it is dearness only
which gives everything its value.

Thomas Paine

Was uns in den Schoß fällt, fällt sehr
oft unter den Tisch.

Erich Brock

Wer seine Einbildungskraft und
seine Fähigkeiten benutzt, um den
Menschen nicht möglichst wenig,
sondern möglichst viel für einen
Dollar geben zu können, der ist
auserwählt für den großen Erfolg.

Henry Ford

Nothing that costs only a dollar is
worth having.

Elizabeth Arden

Es ist leicht, ein Werk zu kritisieren.
Aber es ist schwer, es zu würdigen.

Luc Clapiers de Vauvenargues

Reich ist man nicht durch das, was
man besitzt, sondern mehr noch
durch das, was man mit Würde zu
entbehren weiß.

Epikur

Oscar Wilde	A cynic is a man who knows the price of everything and the value of nothing.
Louis Dembitz Brandeis	Value has been defined as the ability to command the price.
James Goldsmith	If you pay peanuts, you get monkeys.
Konrad Mellerowicz	Richtiges Bewerten geht über menschliche Fähigkeiten hinaus.
Charles H. Dow	Values tell in the long run.
Balthasar Gracián	Was viel wert ist, kostet viel.
Publius	Jedes Ding hat den Wert, den der Käufer zu zahlen bereit ist.
Procter & Gamble	Value is what the consumer says it is.
Buch des Kabus 21	Vermögen zu bewahren ist schwerer als Vermögen zu gewinnen. Viele Leute erwerben Vermögen, aber sind selbst durch Geiz nicht imstande, es zu bewahren.
Seneca	Geld zu besitzen ist eine noch größere Tortur als es zu erwerben.
Walther Rathenau	Ich habe niemals einen wirklich großen Geschäftsmann gesehen, dem das Verdienen die Hauptsache war.
Arthur C. Pigou	People's spending habits depend more on how wealthy they feel than on the actual amount of their current income.

In Geldsachen hört die Gemütlichkeit auf. **David Hansemann**

Was man teuer erkauft, besitzt man nie ganz. **Hans Arndt**

Sorgen hat ein Industrieller nur dann, wenn er keine Aufträge hat. Alles andere ist Ärger. **Heinrich Jakopp**

Gewinn ist so notwendig wie die Luft zum Atmen, aber es wäre schlimm, wenn wir nur wirtschaften würden, um Gewinne zu machen, wie es schlimm wäre, wenn wir nur leben würden, um zu atmen. **Hermann Josef Abs**

Nothing contributes so much to the prosperity and happiness of a country as high profits. **David Ricardo**

Am Gewinnmachen ist noch keine Firma kaputt gegangen. **Erich Gutenberg**

Der Reingewinn ist derjenige Teil des Gesamtgewinns, den der Vorstand beim besten Willen nicht mehr vor den Aktionären verstecken kann. **Anonymus**

Der Gewinn anderer wird fast wie ein eigener Verlust empfunden. **Wilhelm Busch**

Heutzutage hat keiner genug, weil jeder zu viel hat. **Karl Heinrich Waggerl**

The worst crime against working people is a company that fails to make a profit. **Samuel Gompers**

Phönizisches Sprichwort	Jammern ist der Gruß der Kaufleute.
Anonymus	Mittelstand ist, wer Pleite gehen kann, ohne dass ihm der Staat hilft.
Heinz Dürr	Ein Unternehmen ist sozial, wenn es Gewinne macht.
Philip Carret	I am always turned off by an overly optimistic letter from the president in the annual report. If his letter is mildly pessimistic to me that's a good thing.
Gerald M. Loeb	All you need is to look over the earnings forecasts publicly made a year ago to see how much care you need to give those being made now for the next year.
Gerhard Kubetschek	Ich möchte nicht, dass es mir so geht wie vielen, die erst mit ihrer Gesundheit hinter dem Geld herjagen und dann später mit dem Geld hinter der Gesundheit.
Voltaire	Es ist leichter, über Geld zu schreiben als Geld zu machen.
Warren Buffett	Kaufe nie eine Aktie, wenn du nicht damit leben kannst, dass sich der Kurs halbiert.

Kunde

Peter F. Drucker	The result of a business is a satisfied customer.

Man hat stets zwei Kunden, den eigentlichen Kunden und den Mitarbeiter.

Rudolf Miele

The customer is always right.

Gordon Selfridge

Der Kunde:
Er ist die wichtigste Person in unserem Unternehmen, gleich ob er persönlich da ist oder schreibt oder telefoniert.
Er hängt nicht von uns ab, sondern wir von ihm.
Er ist keine Unterbrechung der Arbeit, sondern ihr Sinn und Zweck.
Er ist jemand, der uns seine Wünsche bringt. Unsere Aufgabe ist es, diese Wünsche gewinnbringend für ihn und uns zu erfüllen.
Er ist keine kalte Statistik, sondern ein Mensch aus Fleisch und Blut, mit Vorurteilen und Irrtümern behaftet.
Er ist nicht jemand, mit dem man ein Streitgespräch führt oder seinen Intellekt misst. Es gibt niemanden, der je einen Streit mit einem Kunden gewonnen hat.
Er ist kein Außenstehender, sondern ein lebendiger Teil unseres Geschäftes. Wir tun ihm keinen Gefallen, indem wir ihn bedienen, sondern er tut uns einen Gefallen, wenn er uns Gelegenheit gibt, es zu tun.

Anonymus

Die Musik spielt an der Kundenfront.

Ron Sommer

Mache deinen Kunden glücklich!

Anonymus

Henry Ford Any customer can have a car painted any color that he wants so long as it is black.

Edgar Woolard Nothing is worthwhile unless it touches the customer.

Hermann Simon Es kommt darauf an, bei den Topkunden Lieferant zu sein. Wer sind die Topkunden? Die nie Zufriedenen; die, die immer mehr fordern, als man bietet; die ewigen Troublemaker.

Anonymus Leute, die nicht kaufen wollen, kann niemand davon abhalten.

Sol Hurok When people do not want to come, nothing in the world can stop them.

Sam Walton Es gibt nur einen Chef: den Kunden! Er kann jeden in der Firma auf die Straße setzen – vom Vorstand abwärts – einfach, indem er sein Geld woanders ausgibt.

Anton Fugger Die beste Sprache ist immer jene des Kunden.

Peter F. Drucker Kein Kunde kauft jemals ein Erzeugnis. Er kauft immer nur das, was das Erzeugnis leistet.

Jürgen Fuchs Eine Leistung, die nicht vom Kunden honoriert wird, ist keine Leistung.

Wolf Rüdiger Struck Der beste Kundendienst ist ein solcher, der nicht gebraucht wird.

Arbeitgeber ist der Kunde und nicht der Unternehmer. Denn nur vom Kunden kommt das Geld, das alle verdienen.

Anonymus

Je mehr Möglichkeiten die Technologie bietet, desto wichtiger wird das Streben nach Einfachheit. Der Kunde schätzt eine gute Gebrauchsanweisung, noch lieber ist es ihm allerdings, wenn er überhaupt keine Gebrauchsanweisung braucht.

Hermann Simon

If we do not take care of the customer ... somebody else will ...

Plakat in einer amerikanischen Firma

For the customer, remote interactive communication means never having to see the machine fail.

Xerox

Die Flecken auf dem Teppich vor unseren Abfertigungsschaltern deuten für den Kunden auf eine schlampige Wartung unserer Triebwerke hin.

Jan Carlzon

Statt früher mehrerer Spezialisten bei einem Kunden ist jetzt ein einziger Berater für die Kontakte zuständig.

Allianz-Versicherung

Der einzige Mitarbeiter mit permanenter Kundenorientierung, den ich bisher gesehen habe, war ein Kaufhausdetektiv.

Reinhard K. Sprenger

Meine Führungskräfte müssen mindestens einmal pro Monat einen Kunden aus Fleisch und Blut sehen.

Reinhold Würth

Trinkhaus & Burkhardt   Kundennähe ist keine Frage von Entfernung.

Absatzwirtschaft   Lieber eine einfache Bedienung als eine ausführliche Anleitung.

Lew Young   Der wichtigste heute vernachlässigte Managementgrundsatz ist wohl die Nähe zum Kunden, seine Bedürfnisse zu erfüllen und seinen Wünschen zuvorzukommen. Für allzu viele Unternehmen ist der Kunde zum lästigen Störenfried geworden: Sein unberechenbares Verhalten wirft wohl durchdachte strategische Pläne über den Haufen, seine Handlungen bringen die EDV durcheinander, und obendrein besteht er noch hartnäckig darauf, gekaufte Produkte müssten funktionieren.

Peter Schutz   Wenn man gut genug zuhört, erklären einem die Kunden das Wesentliche.

Hermann Simon   Kundennähe erfordert Distanz zu sich selber.

Gerhard Neumann   Aus der langjährigen engen Verbindung mit unseren Kunden habe ich eines gelernt: Die wichtigsten Gründe für Erfolg waren das Aufbauen eines persönlichen Vertrauensverhältnisses, das Anhören der Meinung des Kunden, das Einhalten von Versprechen und die Besessenheit, eingegangene Verpflichtungen einzuhalten oder zu übertreffen.

Es war Teil meiner Philosophie, immer wieder durch den eigenen Laden zu gehen und auch die Kunden zu besuchen.

Gerhard Neumann

Ich musste über 16 Jahre hinweg jede Woche mehrere Tage zu militärischen und zivilen Kunden reisen. Alle mussten vom Chef persönlich besucht werden, oder der Kunde fühlte sich missachtet.

Gerhard Neumann

Der Kunde ist immer Störenfried. Man muss deshalb mit gestörtem Frieden leben können.

Hermann Simon

Wenn zwei Lieferanten sich streiten, freut sich der Kunde.

Hermann Simon

Kundennähe ist, wenn der Kunde und nicht das Produkt zurückkommt.

Hermann Simon

Motorola lets engineers talk to school kids. We learn a lot from them.

William Wiggenhorn

Einmal selbst sehen ist mehr, als hundert Neuigkeiten hören.

Japanisches Sprichwort

When the telephone rings in a store, the person behind the counter will spend five minutes explaining something to the caller while all the customers who have bothered to come to this store stand there waiting.

Andrew A. Rooney

Einer unserer wichtigsten Grundsätze ist es, Ihr Vertrauen nicht zu enttäuschen.

DaimlerChrysler AG

Emil Küng Es steht fest, dass es den Abnehmern nie an Problemen fehlt. Man braucht sie nur zu erfassen, indem man sich voll und ganz in die Lage des Kunden versetzt und ihm bei der Überwindung seiner Schwierigkeiten hilft. Eine Sättigung zu befürchten wäre mithin völlig gegenstandslos.

John Le Carré A desk is a dangerous place from which to watch the world.

Robert Bosch Lieber Geld verlieren als Vertrauen.

John Wanamaker Feuer, Sturm, Erdbeben mögen meine Gebäude zerstören, meine Einrichtungsgegenstände und meine Waren – ich verliere nicht viel, wenn mir das Vertrauen meiner Kunden erhalten bleibt.

Chinesische Weisheit Am ersten Betrug ist der Kaufmann schuld, am zweiten jedoch die Dummheit des Kunden.

Henry Ford A manufacturer is not through with his customer when a sale is completed. He has then only started with his customer. In the case of an automobile the sale of the machine is only something in the nature of an introduction.

Leo B. Helzel Retain old customers. It is many times less expensive than adding new ones.

Karl-Heinz Sebastian Es hat noch nie jemand einen Streit mit einem Kunden gewonnen.

If you do not keep your employees happy, they won't keep the customers happy.

Red Lobster

Ihre Kunden werden Sie früher oder später auf Kurs bringen. Entweder früher, dann auf Erfolgskurs, oder später, dann auf Konkurs.

Michael Laker

Antwort eines Tankwarts, ob der Kunde nicht vor dem Chef dran komme:»Nein! Der Kunde fährt weiter, der Chef bleibt.«

Anonymus

Konkurrenz

Don't compete! Create! Find out what everyone else is doing and then don't do it.

Joel Weldon

The difference between the ordinary and the extraordinary is the little extra.

Amerikanische Maxime

Konkurrenz belebt das Geschäft.

Deutsches Sprichwort

Wettbewerb ist ein Verfahren, Faulenzer und Fleißige zu trennen.

Hermann Simon

Sorgen Sie dafür, dass Sie scharfe Wettbewerber bekommen. Nur so werden Sie fit für den Weltmarkt.

Hermann Simon

Nur scharfe Konkurrenz treibt zu Höchstleistung. Mercedes soll froh sein, dass es BMW und Audi gibt – et vice versa.

Hermann Simon

Coco Chanel In order to be irreplacable one must always be different.

Elbert Hubbard Do you work with your whole heart and you will succeed – there is so little competition.

Thomas Selznick There are just two classes, first class and no class.

Karl Heinrich Bauer Wer Führung beansprucht, ruft selbst den Rivalen auf den Plan. Rivalität aber ist eines der Geheimnisse des Fortschritts.

William Knudsen In business, the competition will bite you if you keep running; if you stand still, they will swallow you.

Walter P. von Wartburg Competition works, either for you or against you.

Lily Tomlin The trouble with the rat race is, even if you win, you are still a rat.

Hermann Simon Wenn man weiß, was man will, hat es der Wettbewerb schwer.

aus Schweden Der Stärkste unter den Schwachen ist, wer seine Schwäche nicht vergisst.

Leo B. Helzel Tell customers how good you are, not how bad your competition is. There is no long-term advantage in knocking someone.

Hermann Simon Eine Branche ist wie ein Dorf. Nichts bleibt geheim.

People of the same trade seldom meet **Adam Smith**
together, even for merriment of
diversion, but the conversation ends
in a conspiracy against the public, or
in some contrivance to raise prices.

Ein strategischer Wettbewerbsvorteil **Hermann Simon**
muss dem Kunden wichtig, von ihm
wahrgenommen und dauerhaft sein.

Was unter Benachbartem hervorragt, **Seneca**
ist dort groß, wo es hervorragt. Denn
Größe hat kein bestimmtes Maß: Erst
der Vergleich hebt oder drückt herab.

Competitive advantage arises from **Michael E. Porter**
discovering and implementing ways
of competing that are unique and
distinctive from those of rivals, and
that can be sustained over time.

Competitive advantage cannot be **Michael E. Porter**
understood unless the cost and price
issues are clearly separated.

Since being the best depends heavily **Robert Solow**
on the skills of workers, designers
and engineers, the comparative
advantage can be achieved by
education and training.

Es ist besser, klein zu sein und **Werbeslogan von Apple**
Großes zu leisten, als groß zu sein
und Kleines zu leisten.

Es ist besser, sich selbst Marktanteile **Anonymus**
wegzunehmen, als dies der
Konkurrenz zu überlassen.

Anonymus My main aim is to develop something that will give me the competitive edge.

Ray Kroc They may copy my style and they may imitate me. But they can't read my mind, and I'll leave them a mile and a half behind.

Reinold M. Fries Man muss die Produkte aus dem Markt nehmen, bevor die Wettbewerber einem diese Aufgabe abnehmen.

Hermann Simon Strategische Allianzen sind die Fortsetzung des Wettbewerbs mit anderen Mitteln, aber unveränderten Zielen.

Anonymus Das Dümmste, was ein Unternehmer machen kann, ist, seine Wettbewerber zu unterschätzen.

Rolf Berth Spitzenrenditen erwirtschaftet nur der Marktführer.

Hermann Simon Marktführer wird man nicht durch Imitation.

Hermann Simon Groß sein in kleinen Märkten ist besser als klein sein in großen Märkten.

Hermann Simon Selbst jeder Marktführer hat strukturelle Schwächen. Angriffe, die an diesen strukturellen Schwachstellen ansetzen, kann er nur schwer zurückschlagen.

Only variety can beat variety.   **Law of Variety**

Sony does not follow others; we lead,   **Motto von Sony**
others follow.

Wer sich eine schwierige Aufgabe   **Amerikanische Weisheit**
stellt, braucht keine Angst zu haben,
dass er viel Konkurrenz bekommt.

Man kann niemanden überholen, in   **Anonymus**
dessen Fußstapfen man tritt.

Never follow others!   **Anonymus**

Zwei Kluge gehen nicht den gleichen   **aus Afrika**
Weg.

Nachahmung ist die aufrichtigste   **Charles Caleb Colton**
Form der Schmeichelei.

Two roads diverged into the woods,   **Robert Frost**
and I, I took the one less travelled by.
And that has made all the difference.

Man sollte das Gegenteil von dem   **Hermann Simon**
tun, was die Wettbewerber tun. Das
Problem besteht nur darin, dass meist
nicht klar ist, worin dieses Gegenteil
besteht.

I watch where the cosmetics industry   **Anita Roddick**
is going and then walk in the
opposite direction.

Die geschickteste Art, einen   **Peter Altenberg**
Konkurrenten zu besiegen, ist, ihn in
dem zu bewundern, worin er besser
ist.

Roberto C. Goizueta Actions were guided more by what the competition was doing than as a result of any analysis of what we should be doing.

Walther Rathenau Die Klage über die Schärfe des Wettbewerbs ist in Wirklichkeit meist nur eine Klage über den Mangel an Einfällen.

Hans-Jürgen Warnecke Gerät man erst mal in den Teufelskreis, die Lösung bei der Konkurrenz und nicht bei sich selbst zu suchen, dann konzentriert man seine Kräfte auf die Nachahmung existierender Lösungen und bleibt deshalb immer zweiter Sieger.

Anonymus Die Konkurrenten sollte man nicht kopieren, sondern kapieren.

Georg Christoph Lichtenberg Das Nachahmen ist allezeit, wie mich dünkt, eine sehr nützliche Sache.

Ernst Bloch Die Fälschung unterscheidet sich vom Original dadurch, dass sie echter aussieht.

Samuel Johnson No man was ever great by imitation.

Ueli Prager Weil wir nicht einfach sind, sind wir nicht nachahmbar.

Heinrich von Pierer Wer die Fertigungsbasis verliert, der verliert die Wettbewerbsfähigkeit.

Lao-tse Wo zwei zusammenstoßen, siegt der Besonnene.

Ein guter Einfall ist wie ein Hahn am Morgen. Gleich krähen andere Hähne mit.

Karl Heinrich Waggerl

Lieber gut abgekupfert als schlecht selbst gemacht.

Wolfgang Momberger

Überall hebt Konkurrenz das Geschäft, auch bei den Juristen: Jeder von ihnen schafft stets für zwei andere Bedarf.

Anonymus

Ein Unternehmen, so groß, blühend und mächtig es sei, schwebt unaufhörlich in Lebensgefahr und kämpft um sein Leben.

Walther Rathenau

Der den Umständen am besten Angepasste überlebt, nicht der Stärkste.

Dane E. Smalley

We've gone from question mark to benchmark.

George Boost

Es gibt zwei Methoden, jemand anderen zu übertreffen, die eine besteht darin, sich selbst voranzubringen, und die andere darin, den anderen zurückzuhalten.

Bertrand Russell

There is more competition within corporations than between them and that internal competition is often waged less ethically than external competition.

Russell L. Ackoff

Wir liegen nicht im Wettbewerb mit anderen, sondern mit unseren Irrtümern.

Amerikanische Weisheit

Sprichwort Viele Hunde sind des Hasen Tod.

Konosuke Matsushita Wir werden siegen, und der industrielle Westen wird verlieren. Es gibt nicht viel, was ihr im Westen dagegen tun könnt, denn die Ursache eures Niederganges liegt in euch selbst. Eure Firmen basieren auf dem Taylor-Modell, euer ganzes Denken ist tayloristisch. Bei euch denken die Bosse, und die Arbeiter führen nur aus. Ihr glaubt, dass dies die beste Führungsmethode ist. Wir sind längst über das Taylor-Modell hinweg. Der heutige Wettbewerb ist so komplex, schwierig und riskant, dass dauerhafter Erfolg die Mobilisierung der ganzen Intelligenz jedes einzelnen Mitarbeiters erfordert.

Edwin L. Artzt The Japanese have been studying us much longer and more intensively than we have been studying them.

Christopher Lorenz Many Japanese skills are far from immediately visible to the average western eye.

Albert Blum Wenn man den eigenen Marktanteil nicht ermitteln kann, braucht man vor den Japanern keine Angst zu haben.

Carl Zimmerer Der deutsche Manager versteht nur etwas von Angriff. Von geordnetem Rückzug hat er keine Ahnung.

Hermann Simon Ohne scharfe Wettbewerber wird man kaum Weltklasse.

Part of the process of creating a comparative advantage is the ability of companies in one country to learn almost instantly from those in other countries.

Robert Solow

The only competitive advantage the company of the future will have is its managers ability to learn faster than their competitors.

Arie de Geus

Wenn zwei führen, freut sich die Konkurrenz.

Hermann Simon

Je schwerer der Gegner ist, umso besser. Nur die Besten zeigen dir deine Schwächen.

Ernst Happel

Die meisten Nachahmer lockt das Unnachahmliche.

Marie von Ebner-Eschenbach

Gerade das Gegenteil tun heißt auch nachahmen, es heißt nämlich das Gegenteil nachahmen.

Georg Christoph Lichtenberg

Träume des Marketing

Als ich Ende der sechziger Jahre mit meinem Studium begann, war Marketing in Deutschland ein nur spärlich verbreiteter und kaum bekannter Begriff. Erst 1968 wurde der erste Lehrstuhl mit dieser Bezeichnung von Professor Heribert Meffert an der Universität Münster eingerichtet, Marketing ist in diesem Sinne also ein Kind der Revolution von 1968. Ich selbst konnte mir damals unter diesem Wort nichts Konkretes vorstellen und hätte mir zu jener Zeit nicht im Entferntesten träumen lassen, selber einmal einen Lehrstuhl für Marketing innezuhaben. Das neue Wort klang allerdings gut.

Marketing ist bis heute ein schillernder Begriff geblieben. Die Protagonisten treten mit einem umfassenden Anspruch im Sinne von Marketing als »marktorientierter Unternehmensführung« auf, dazu gehören Peter Drucker oder HP-Mitgründer David Packard, der Marketing für viel zu wichtig hält, als dass man es der Marketingabteilung überlassen könnte. Andere sehen im Marketing eine betriebliche Funktion mit geringer Machtfülle oder gar die große Show- und Werbemaschine, bei der es um Übertreibung, geheime Verführung der Verbraucher oder das Plattschlagen der Füße von Hühnern geht, um diese dann als Enten verkaufen zu können. Der Witz an der Sache: Marketing ist in der Realität all dies. Viele Möglichkeiten bleiben offen. Die Träume des Marketing reichen weit, erreichen aber nicht immer, was sich die »Marketers« erhoffen.

Schillernd sind auch die Marketinginstrumente. So erfahren wir aus unseren Sprüchen erstaunliche Tatsachen. Qualität sei nicht teuer. Vielmehr koste es sehr viel, schlechte Produkte herzustellen. Und nicht der gute, sondern der schlechte Service bleibe in der Erinnerung haften. Überraschungen erleben wir auch beim Marketinginstrument Preis. Preis und Wert sind keineswegs dasselbe. Irrt hier die Ökonomie? Oscar Wilde jedenfalls benutzt den Unterschied zwischen beiden, um zu definieren, was einen Zyniker ausmacht. Und keine geringeren als Immanuel Kant oder Ludwig Börne haben sich an der Diskrepanz von Preis und Wert gerieben. Ein französisches Sprichwort bringt es auf den Punkt: Den Preis vergisst man, die Qualität bleibt. Wer hat diese einfache tiefe Wahrheit nicht schon selbst erfahren? Preis als ephemere Größe, Wert und Qualität als das Dauerhafte. Somit ist es nur folgerichtig, dass man sich eher im Preis als in der Ware betrügen lassen sollte, mit einem Gruß von Balthasar Gracián.

Allerdings besitzt Qualität heute in Image oder Marke eine weitere, oft entscheidende Facette? Jeder weiß, dass der Erfolg im Markt immer stärker von diesen Faktoren abhängt. Schon Epiktet sagte, dass nicht die Dinge selbst, sondern die Meinungen von den Dingen uns beunruhigen. Wer aber bedenkt, dass diese Konstrukte in höchstem Maße asymmetrisch sind? Es dauert Jahre, ein gutes Image aufzubauen, zerstört werden kann es hingegen im Nu. Es zählt eben nur die Wahrnehmung, nicht die Realität! Wahrnehmungen aber werden vor allem von der Werbung beeinflusst. Die Werbung wiederum beherrscht die Medien. Manche gehen so weit zu behaupten, dass man die Ideale einer Nation an ihrer Werbung erkennen kann. Doch es gibt auch Skeptiker der Werbung. Sie fordern, wenn die Werbung nicht funktioniere, müsse man die Ware ändern, nicht die Werbung. Einer geht noch weiter mit der Aussage, nicht die Werbung verjünge die Marken, sondern nur innovative Produkte schafften dies. Ich neige dazu, diesen Werbeskeptikern zuzustimmen. Damit schließt sich der Kreis zur wirklichen Substanz von Marketing. Trotz aller Schau nach außen muss es darum gehen, dem Kunden echten Nutzen zu bieten. Und nur vom Nutzen, so lehrt uns Friedrich von Schiller, wird die Welt regiert. Damit ist das Marketing am Ziel seiner Träume, es regiert die Welt.

Marketing

Marketing is the whole business seen from the point of view of its final result, from the customer's point of view.

Peter F. Drucker

Marketing is far too important to leave it to the marketing department.

David Packard

You cannot bore people into buying your product.

David M. Ogilvy

Marketing ist ein Prozess, durch den Einzelpersonen und Gruppen ihre Bedürfnisse und Wünsche befriedigen, indem sie Produkte und andere Dinge von Wert erzeugen und miteinander austauschen.

Philip Kotler

The essence of marketing is knowing what business you're really in.

Mark McCormack

Marketing is our No. 1 priority. A marketing campaign is not worth doing unless it serves three purposes. It must grow the business, create news, and enhance our image.

James Harvey Robinson III.

Nur vom Nutzen wird die Welt regiert.

Friedrich von Schiller

Marketing heißt, den Hühnern die Füße platt zu schlagen und sie dann als Enten zu verkaufen.

Anonymus

Marketing ist leicht gesagt und schwer getan.

Hermann Simon

Warren Bennis Just when you start thinking you are really terrific, you start dictating to the market instead of listening to the customers.

Peter F. Drucker One cannot do market research on something that does not exist.

The Wall Street Journal Philips has a reputation as a great innovator that's lousy at marketing.

Leo B. Helzel Marketing is getting the customer ready to accept the product and the salesperson. Selling is making the sale happen.

Heinz Dürr Unsere Ingenieure entwickeln tolle Sachen, aber können sie dem Markt nicht rüberbringen. Wir sind »product driven« und nicht »market driven«.

Hermann Simon Im Marketing ist das Internet nicht alles. Aber ohne das Internet ist alles nichts.

Helmut Maucher Marketing ist Chefsache!

Qualität und Service

Cicero Alles Vortreffliche ist selten.

Friedrich Wilhelm IV. Das Beste ist gut genug.

Andrew A. Rooney Icecream was just as good when they had only three flavours: vanilla, chocolate and strawberry.

Nur wenn man das kleinste Detail im Griff hat, kann man präzise arbeiten.

Niki Lauda

Qualität, das ist auch das Menschliche.

Theodor Heuss

Lieber Geld verlieren als Vertrauen! Es war für mich immer ein unerträglicher Gedanke, es könne jemand bei der Prüfung eines meiner Produkte nachweisen, dass ich irgendwie Minderwertiges leiste.

Robert Bosch

When one of my cars breaks down I know I am to blame.

Henry Ford

The surest foundation of a manufacturing concern is quality. After that, and a long way after, comes cost.

Andrew Carnegie

Qualität ist die Höflichkeit des Produzenten.

Lothar Schmidt

Qualität ist Innovation plus Handwerk.

Karl Born

To affect the quality of the day, that is the highest of the arts.

Henry David Thoreau

The evolution of every business enterprise is away from quality. Products always get smaller, worse and more expensive.

Andrew A. Rooney

Quality is always the result of high intention, genuine effort, intelligent direction, and skillful execution.

Willa A. Foster

Ian Gibson Voraussetzungen für Qualität sind: ein ausgefeiltes, unter Produktionsgesichtspunkten optimiertes Design, moderne Produktionsanlagen, eine gut geschulte sowie motivierte Belegschaft.

Ian Gibson Qualität ist im Grunde nichts anderes als ein erfolgversprechender Weg nachhaltiger Kostensenkung. Wer Qualität produziert, wird auf Dauer mit niedrigeren Gesamtkosten leben.

John Ruskin Quality is never an accident; it is always the result of intelligent efforts.

Milton S. Hershey Give them quality. That is the best kind of advertising.

Harry Beckers As long as I can create something that will allow the company to make a better product, I could not care less whether it is at the forefront of science or not.

Hubert Markl Qualität steckt jene an, die ihr gewachsen sind – die anderen schreckt sie ab.

Gerhard Neumann Während meiner Zeit in China ließ ich die chinesischen Wartungsmechaniker nach der Reparatur des Flugzeugs beim ersten Flug mitfliegen. Die Zuverlässigkeit und Qualität der Arbeit verbesserten sich dadurch radikal.

Quantität lässt sich zählen, Qualität zählt. — **Lothar Schmidt**

Jeder Prozess ist verbesserbar. — **Heinrich von Pierer**

Hohe Qualität kostet oft wenig. — **Hermann Simon**

Quality, like productivity, can be improved only by people. — **Walter P. von Wartburg**

Die Qualität eines Produktes erschöpft sich nicht in dessen Fehlerfreiheit. Das Produkt ist nur der materielle Hintergrund einer Kunden-Lieferanten-Beziehung. Alle Aspekte dieser Beziehung müssen in Zukunft einem erweiterten Qualitätsbegriff gerecht werden. — **Hans-Jürgen Warnecke**

The sole purpose of business is service. — **Leo Burnett**

Service is the rent we pay for the privilege of living on this earth. — **Eldon Tanner**

The only thing a customer remembers more than good service is bad service. — **Amerikanischer Slogan**

Technology is becoming a commodity, and the difference between winning and loosing comes in how you deliver that technology. Service will be the differentiator. — **David Kirkpatrick**

Die japanische Schrift ist ein Klacks im Vergleich zu einem Bedienungshandbuch für ein modernes Telefon. — **Hermann Simon**

Stanley Marcus The dollar bills the customer gets from the tellers in four banks are the same. What is different are the tellers.

Andreas Mengen Zuverlässigkeit wiegt schwerer als der Preis.

Hans-Jürgen Warnecke Über zehn Prozent des Montageaufwandes in deutschen Automobilwerken wird auf die Beseitigung von Fehlern verwendet.

Hermann Simon Komplizierte Technik muss mit einfacher Handhabung kombiniert werden. Nicht umgekehrt.

Eddy Geysen Perfection is effectively reached when a supplier produces no more than 25 defective parts per million.

Garantieerklärung des amerikanischen Versandhauses L.L. Bean Everything we sell is backed by a 100 percent guarantee. We do not want you to have anything from L.L. Bean that is not completely satisfactory.

Gerhard Neumann Ich betrachtete meine Kundendienstmitarbeiter als die beste Informationsquelle über die wirkliche Leistung, die unsere Produkte in den Händen des eigentlichen Benutzers zeigten. Damit meine Vertreter wegen ihrer Zuträgerrolle mir gegenüber von den Projektmanagern daheim nichts zu befürchten hatten, etablierte ich eine getrennte Kundendienstorganisation, die mir direkt verantwortlich war.

Freundlichkeit kann man sich leisten, **Hermann Simon**
sie kostet nichts und bringt am
meisten.

Die Fähigkeit zu leisten ist bei **Hans-Olaf Henkel**
deutschen Unternehmen überdurch-
schnittlich entwickelt. Die Vorteile
fernöstlicher Anbieter und unsere
Schwächen liegen in der Fähigkeit zu
dienen.

Wir sind schon ein merkwürdiges **Roman Herzog**
Volk, wenn wir mit Freude
Maschinen bedienen, aber jedes
Lächeln gefriert, wenn es sich
um die Bedienung von Menschen
handelt.

In Deutschland sind die Steigerungs- **Hermann Simon**
potenziale bei der Freundlichkeit
ähnlich hoch wie die Rationalisierungs-
potenziale bei den Kosten.

Das erste Auto verkauft der **Auto-Faustregel**
Hersteller, die nächsten die Werkstatt.

Es ist nicht groß, was nicht gut ist. **Matthias Claudius**

Preis und Kosten

Price is what matters in the **Financial Times**
marketplace.

The first law of economics is that **Ahmed Zaki Yamani**
when the price goes up, consumption
comes down. This is a divine law. You
cannot change it.

Werner Weber Wenn es der Wirtschaft schlechter geht, ist der Preis für die Kunden der entscheidende Faktor.

John Ruskin Es gibt kaum etwas auf der Welt, das nicht irgend jemand ein wenig schlechter machen und etwas billiger verkaufen könnte, und die Menschen, die sich nur am Preis orientieren, werden die gerechte Beute solcher Machenschaften.

Clyde Farnsworth Wages chase prices, prices chase wages and both chase their passed history.

John Ruskin Es ist unklug, zu viel zu bezahlen, aber es ist noch schlechter, zu wenig zu bezahlen. Wenn Sie zu viel bezahlen, verlieren Sie etwas Geld, das ist alles. Wenn Sie dagegen zu wenig bezahlen, verlieren Sie manchmal alles, da der gekaufte Gegenstand die ihm zugedachte Aufgabe nicht erfüllen kann.

Deutsches Sprichwort Ich bin zu arm, um billig zu kaufen.

Französisches Sprichwort Le prix s'oublie, la qualité reste.

John Ruskin Das Gesetz der Wirtschaft verbietet es, für wenig Geld viel Wert zu erhalten. Nehmen Sie das niedrigste Angebot an, müssen Sie für das Risiko, das Sie eingehen, etwas hinzurechnen. Wenn Sie dies tun, dann haben Sie auch genug Geld, um für etwas Besseres mehr zu bezahlen.

A fair price for oil is whatever you can get plus 10 percent.

Ali Ahmed Attiga

Eine ordentliche Arbeit kostet ihr Geld. Der Preis ist bald vergessen.

Hermann Kronseder

Besser man wird im Preis als in der Ware betrogen.

Balthasar Gracián

Oft ärgerte ich mich über etwas, das ich billig gekauft hatte, hingegen hatte ich selten Ärger mit einem Produkt, das ich zu einem hohen Preis erwarb.

Hermann Simon

Bei genauerer Betrachtung steigt beim Preis die Achtung.

Wilhelm Busch

Keiner ahnt im Voraus den Preis, den er bezahlt, bis er was weiß.

Sten Nadolny

Was einen Preis hat, an dessen Stelle kann etwas anderes als Äquivalent gesetzt werden; was dagegen über allen Preis erhaben ist, das hat seine Würde.

Immanuel Kant

What is a cynic? A man who knows the price of everything and the value of nothing.

Oscar Wilde

Preise signalisieren Werte. Das gilt oben wie unten.

Hermann Simon

Der prozentuale Unterschied im Nutzen sollte mindestens doppelt so groß sein wie der prozentuale Unterschied im Preis.

Hermann Simon

Hermann Simon	Ein Produkt, das 20 Prozent besser ist, sollte nur 10 Prozent mehr kosten.
Ludwig Börne	Die Fassung der Edelsteine erhöht ihren Preis, nicht ihren Wert.
Sprichwort aus Montenegro	Wenn du dich ärgern willst, bezahle im Voraus.
Ben Johnson	It does not help to remember the price of yesterday's roast beef.
George Deukmejian	Don't get caught focusing on the cent and not the dollar.
Verbraucherin in einer Studie zum Schuhkauf von Paul Lazarsfeld	Als ich den niedrigen Preis auf dem Plakat sah, entschied ich mich auf der Stelle zum Kauf.
Kasimir M. Magyar	Attraktive Preise haben einen Zugpferd-, unattraktive einen Bumerangeffekt.
Schild in einem US-Warenhaus	Three for the price of two.
VIAG Interkom	Wer den Groschen ehrt, ist der Preissenkung wert.
Anonymus	There ain't no brand loyalty that two-cent-offs can't overcome.
Percy Barnevik	Any idiot can reduce a price by 10 percent to become more competitive.
Englisches Sprichwort	Man kann den Preis leicht senken, wenn man vorher nur genug gefordert hat.

Every man his price. **Robert Walpole**

Preiswettbewerb ist nichts für zarte Seelen. **Gerhard Ackermanns**

Prices will return to a more orderly descent. **Fortune Magazine**

It is relatively easy to fix prices that are already fixed. **John Kenneth Galbraith**

Niedrige Preise sind oft am teuersten. **Hermann Simon**

Das Wetter kann besser werden. Der Preis nicht. **Sixt Autovermietung**

Bei Speiseöl, das sie verzehren, achten die Leute oft auf den Pfennig, bei Motorenöl, das sie ihren Autos geben, kaufen sie hingegen das teuerste Produkt. **Anonymus**

If you match the Japanese price there is no way that the Japanese get in. **Henry B. Schacht**

Your pricing strategy must include the desired profit, just as it includes the cost of sales and overhead. **Leo B. Helzel**

Nirgendwo wird so viel Geld verschenkt wie mit falschen Preisen. **Hermann Simon**

Pricing is one of the most important functions. **Dan Nimer**

The place where marketers are weakest is in developing good pricing procedures. **Brian S. Moskal**

Robert A. Garda Pricing remains a black box to many companies; misunderstood, undermanaged and virtually ignored.

Hermann Simon Überlegenheit im Pricing beginnt mit tieferem Verständnis und besserer Information.

Alfred R. Oxenfeldt Decision-making in the face of ignorance, uncertainty, organizational constraints, time-pressures and so on, is what pricing means in practice.

Kent B. Monroe The need of correct pricing decisions is becoming more important as today's pricing environment places increasing pressure for better, faster and more frequent pricing decisions.

Hermann Simon Bei der Preisentscheidung muss man genauso an die Konkurrenz wie an die Kunden und die Kosten denken.

Russisches Sprichwort In jedem Markt gibt es zwei Narren. Der eine hat zu hohe, der andere zu niedrige Preise.

Leo B. Helzel Be in the business of selling the high-priced or the low-priced product. There is little room for a business in between.

Hermann Simon Der Kern des Pricing liegt in der Differenzierung.

Philip Rosenthal Wer zu spät an die Kosten denkt, tötet die Produktivität, wer zu früh an die Kosten denkt, tötet die Kreativität.

Euro-Einheitspreise sind dumm. Sie
ignorieren die Vielfalt Europas.

Hermann Simon

Cutting costs without improvements
in quality is futile.

Edwards Deming

Wer immer am billigsten Standort
produzieren möchte, der muss alle
fünf Jahre umziehen.

Hans-Jürgen Warnecke

Es kostet viel Geld, schlechte
Produkte herzustellen.

Norman R. Augustine

Watch the costs and the profits will
take care of themselves.

Andrew Carnegie

Schrumpfender Umsatz steigert die
Gemeinkosten. Wachsender Umsatz
auch.

Norman R. Augustine

Die Regierungen sind »Fixkosten-
Proletarier«.

Robert Geursen

Wie das Leben einmal eingerichtet ist,
bezahlt man alles etwas zu teuer –
scheint mir.

Friedrich Nietzsche

Pricing is guesswork. It is usually
assumed that marketers use scientific
methods to determine the price of
their products. Nothing could be
further from the truth. In almost
every case, the process of decision is
one of guesswork.

David Ogilvy

Marke, Werbung, Verkauf und Image

Leo B. Helzel You have only one opportunity to make a good first impression.

Jeremias Gotthelf Ein guter Name geht in Augenblicken verloren; ein schlechter wird in Jahren nicht zu einem guten.

Hermann Simon Vor allem anderen ist ein Markenname Verpflichtung.

Hermann Simon Der Unterschied zwischen einer Marke und einem Patent ist, dass die Marke auf ewig gilt.

Wolfgang Fiebig Stars haben mit Sternen gemeinsam, dass sie weit entfernt sind. Kommen sie näher, so sind sie bereits im Fallen.

Germaine de Staël The circulation of ideas is, of all kinds of commerce, the one whose benefits are most certain.

Anonymus It's not what you say. It's what they hear.

Epiktet Nicht die Dinge selbst, sondern die Meinungen von den Dingen beunruhigen den Menschen.

Norman Douglas You can tell the ideals of a nation by its advertisements.

Elisabeth Noelle-Neumann Das, worüber wir uns wundern, ist die Wirklichkeit.

Si tacuisses, philosophus manisses.
(Hättest du geschwiegen, du wärest
ein Philosoph geblieben.) **Lateinisches Sprichwort**

Mit dem Wind, den man selber **Karl Heinrich Waggerl**
macht, lassen sich die Segel nicht
füllen.

Wir nehmen nichts Sicheres wahr, **Demokrit**
sondern unsere Wahrnehmungen
sind abhängig von der Verfassung
unseres Körpers.

The facts are unimportant! It's what **Earl Hadady**
they are perceived to be that
determines the course of events.

So ist das Sichtbare zwar von Nutzen, **Lao-tse**
doch das Wesentliche bleibt
unsichtbar.

Hitchhikers who make eyecontact are **Roger Peters**
more than twice as likely to be picked
up than those who don't.

The medium is the message. **Herbert Marshall McLuhan**

Wenn die Reklame keinen Erfolg hat, **Edgar Faure**
muss man die Ware ändern.

He who wants to persuade should put **Joseph Conrad**
his trust not in the right argument,
but in the right word. The power of
sound has always been greater than
the power of sense.

Wer interessieren will, muss **Salvador Dalí**
provozieren.

Edgar Watson Howe	Honesty is largely a matter of information, of knowing that dishonesty is a mistake.
Baltasar Gracián	Das Gute ist zweimal so gut, wenn es kurz ist.
Vance Oakley Packard	Werbung ist die Kunst, auf den Kopf zu zielen und die Brieftasche zu treffen.
Walter Benjamin	Grundsatz der Werbung: sich siebenfach machen, siebenfach sich um die stellen, die man begehrt.
Jacques Ségéla	Es handelt sich um ein eisernes Gesetz der Werbung: Der Mensch ist auf Vereinfachung und Konzentration angewiesen.
Leo B. Helzel	Never forget that advertising is a category of marketing – never an end in itself.
Norman R. Augustine	Wenn man sich Werbung leisten kann, braucht man keine mehr.
Zwei Anzeigen	Free trip to Disneyland. Driver needed to deliver new car from New York. (Drei Zuschriften) Drive free from New York to Disneyland delivering new air-conditioned Cadillac. (103 Zuschriften)
Hermann Simon	Einem geschmückten Weihnachtsbaum sieht man nicht an, wie schwer es war, ihn zu schmücken.

Nicht die Werbung verjüngt die
Marken, sondern die neuen Produkte.

Jean-Noël Kapferer

There is no such thing as a permanent
advertising success.

Leo Burnett

Wer aufhört zu werben, um Geld zu
sparen, könnte ebenso gut seine Uhr
anhalten, um Zeit zu sparen.

Henry Ford

Nicht vom Kaufen lernst du, sondern
vom Verkaufen.

Chinesische Weisheit

Probieren weckt die Lust zum Kauf.

Euripides

Kreativität ist nutzlos, wenn man
nicht in der Lage ist, seine Ideen zu
verkaufen.

David M. Ogilvy

A salesman is a man who sells.

IBM-Slogan

Es ist erheblich leichter, jemandem
das zu verkaufen, was er haben will,
als ihn davon zu überzeugen, das zu
kaufen, was Sie haben.

Mark McCormack

Der Außendienst bei Konsumgütern
ist nicht mehr in erster Linie
Verkäufer im klassischen Sinne,
sondern Durchsetzer der
Marketingstrategie des Herstellers
gegenüber dem Handel.

Hermann Simon

Ein Spitzenverkäufer ist ein Mann,
der seiner Frau klarmacht, dass es
eine Schande wäre, wenn sie ihre
wunderschöne Figur unter einem
Nerzmantel verbergen würde.

Anonymus

Einkäufer eines europäischen Handelskonzerns Der Verkäufer muss nicht mehrsprachig sein, er muss nur meine Sprache sprechen.

Philip Cushing Work hard, keep quiet, let the customer talk himself into giving you the order. Silence is a very powerful selling tool.

Peter Jessen Die Verkaufsabteilung ist nicht die ganze Firma, aber die ganze Firma sollte eine Verkaufsabteilung sein.

Friedrich Heinrich Jacobi Wenn die Fische stumm sind, so sind dafür ihre Verkäuferinnen desto beredter.

Leo Burnett Fun without sell gets nowhere but sell without fun tends to become obnoxious.

Kurt Tucholsky Die meisten Hotels verkaufen etwas, was sie gar nicht haben: Ruhe.

Philip McVey The middleman is not a hired link in a chain forged by a manufacturer but rather an independent market, the focus of a large group of customers for whom he buys. As he grows and builds a following, he may find his prestige in his market is greater than that of the supplier whose goods he sells.

Hermann Simon Der Handel ist nicht mehr verlängerter Arm des Herstellers, sondern verlängerter Arm des Kunden.

Man kann alles verkaufen, wenn es
gerade in Mode ist. Das Problem
besteht darin, es in Mode zu bringen.

Ernest Dichter

There are just two people between
me and a salesman. Information
technology replaced the rest.

John Opie

In einem Netz zappelt man. Im
Internet auch.

Hermann Simon

Die Adresse der Zukunft heißt .com.

Hermann Simon

Schatten des Gestern

Genau wie die Zukunft schon auf unser gegenwärtiges Handeln ihre Schatten vorauswirft, agieren wir unter den Nachwirkungen der Vergangenheit. Menschliches Verhalten ist immer eingebettet in einen historischen Kontext. Für Managemententscheidungen, selbst für scheinbar vergangenheitslose Innovationen, gilt dies in besonderem Maße. Mitte der achtziger Jahre sandte General Motors ein junges Team mit dem Auftrag aus, ein völlig neuartiges Auto zu konzipieren, es mit anderen Methoden zu produzieren und zu vermarkten. Die jungen Manager, die diesen Auftrag erhielten, zogen von Detroit nach Tennessee und starteten den »Greenfield Approach« des Saturn-Projektes. Mehr als ein Jahrzehnt später kann man getrost sagen, dass Saturn ein mehr oder minder normales Auto ist. Denn auch diese innovativen jungen Manager begleitete auf ihrem Weg stets die Erfahrung der Automobilgeschichte. Niemand, der weggeht und einen Neuanfang vorhat, lässt seine Vergangenheit hinter sich, sie begleitet jeden.

Die Orientierung an und das Lernen aus der Vergangenheit können zu äußerst wertvollen Einsichten führen. George Santayana bringt dies auf den Punkt:»Wer nicht aus der Vergangenheit lernen will, der muss sie wiederholen«. Peter Drucker hat sein ganzes Denkgebäude auf historischen Analogien aufgebaut. Er lehrt uns aus der Geschichte. Er hält uns auf diese Weise Spiegel vor, die uns neue Perspektiven eröffnen, und hilft uns zu einem besseren Verständnis der Zukunft. Hier schließt sich der Kreis zu Sören Kierkegaard, der sagt:»Das Leben kann nur in der Schau nach rückwärts verstanden, aber nur in der Schau nach vorwärts gelebt werden.« Gerade weil Peter Drucker ein so profunder Kenner der Geschichte ist, brilliert er als Vordenker der Zukunft.

Doch Erfahrung hat auch eine Kehrseite.»Leben heißt Zeit in Erfahrung verwandeln«, sagt der Philosoph Kalleb Gattegno. Wir alle sind stärker Gefangene unserer Geschichte, als wir glauben. Erfahrungswissen ist mit Emotionen und Affekten behaftet. Wenn Analyse und Erfahrung in Widerspruch zueinander geraten, obsiegt in der Regel die Erfahrung. Entwickelt sich die Welt mit gewohnter Gleichmäßigkeit, dann bewährt sich dieses Verhalten. Gefährlich wird eine zu starke Orientierung an der Erfahrung allerdings bei radikalem Wandel und bei neuartigen Herausforderungen. Erfahrungsregeln werden zur Belastung, wenn die Rahmenbedingungen, unter denen sie entstanden, nicht mehr existieren, wie Henri Bergson zutreffend bemerkt. Viele Manager reagieren auf Veränderungen durch Intensivierung der bisherigen Maßnahmen; mehr Werbung, aggressivere Preise etc. Sie sind Gefangene ihrer Erfahrung, statt nach neuen Spielregeln zu suchen.

Im schlimmsten Falle bilden sich Gewohnheiten heraus, die zur Erstarrung führen können. Dogmen und Tabus entstehen in solchen Situationen. Einzelne und Organisationen verlieren die Fähigkeit zur Anpassung. Paul Watzlawick diagnostiziert eine zweifache Blindheit: erstens dafür, dass im Laufe der Zeit die betreffende Anpassung eben nicht mehr die bestmögliche ist, und zweitens dafür, dass es neben ihr schon immer eine ganze Reihe anderer Lösungen gegeben hat. Die Gefahr des Beharrens scheint umso größer, je erfolgreicher man bisher war. Erfolg ist der größte Feind des Wandels.

Das ist widersprüchlich. In der Tat steckt die Welt voller Widersprüche und Polaritäten. Mit diesen fertig zu werden, ist nach F. Scott Fitzgerald ein Zeichen hoher Intelligenz. Noch komplizierter wird es dadurch, dass laut Niels Bohr Gegensätze oft keine Widersprüche, sondern Komplemente darstellen. Einen interessanten Ansatz propagiert das Polaritätsmanagement, bei dem bewusst scheinbar inkonsistente Ziele (zum Beispiel sowohl Kunden- als auch Technikorientierung oder sowohl Zentralisierung als auch Dezentralisierung) simultan verfolgt werden. Die Begründung liegt darin, dass ein Optimum selten durch Einseitigkeit oder Extremorientierung erreicht wird. Das lässt sich auch einfacher in der bewährten Maxime vom goldenen Mittelweg ausdrücken. Wäre dieser in der Vergangenheit häufiger beschritten worden, dann wären uns manche schlechten Erfahrungen und Erstarrungen erspart geblieben – aber hinterher ist man immer klüger.

Geschichte, Vergangenheit, Gegenwart

Die Geschichte ist aus den schlechten Handlungen außerordentlicher Menschen zusammengesetzt.

Thomas B. Macaulay

Glücklich das Volk, dessen Geschichte sich langweilig liest.

Charles-Louis de Montesquieu

Die Menschen können nicht sagen, wie sich eine Sache zugetragen hat, sondern nur wie sie meinen, dass sie sich zugetragen hätte.

Georg Christoph Lichtenberg

Wer die Geschichte versteht, wird nie eine Rolle in ihr spielen.

Simon-Théodore Jouffroy

Die Geschichte ist ein Frühwarnsystem, das niemand ernst nimmt.

Lothar Schmidt

Wenn wir ganz bewusst die eigene Geschichte erleben und »vor«leben, gewinnen wir viel. Schon Niederlagen werden erträglicher und zugleich beherrschbarer, wenn wir sie in eine Geschichte (mit möglichst positivem Ausgang) einzuordnen verstehen. Wer die eigene Vita, aber auch die Lebenskurve der Firma, des Wirtschaftszweiges wie eine Story mit Anfang und Ende sehen kann, hat eine Perspektive, die zwar nicht die Verhältnisse, wohl aber sein Handeln sicherer macht.

Sten Nadolny

Die Jesuiten müssen irgendetwas richtig machen. Sonst hätten sie nicht fünf Jahrhunderte überlebt.

Hermann Simon

Edward V. Rickenbacker Was alt ist, hat bewiesen, dass es lebensfähig ist.

Robert A. Heinlein A generation which ignores history has no past – and no future.

Walter Benjamin Memory is reading yourself backward.

Sören Kierkegaard Das Leben kann nur in der Schau nach rückwärts verstanden, aber nur in der Schau nach vorwärts gelebt werden.

Ricarda Huch Wer rückwärts blickt, gibt sich verloren: Wer lebt und leben will, muss vorwärts sehen.

Hermann Simon Die Vergangenheit lebt nicht nur in unseren Träumen, sondern auch in unseren Taten fort.

Bertrand Russell Man sollte nie die gleiche Dummheit zweimal machen, denn die Auswahl ist groß genug.

Wjatscheslaw Daschitschew Unser größtes Verdienst besteht allein darin, allen anderen gezeigt zu haben, wie sie es tunlichst nicht machen sollten.

Voltaire History is a collection of agreed upon lies.

Johann Joachim Winckelmann Von Gelehrten und Künstlern verewigt die allgemeine Geschichte nur Erfinder, nicht Kopisten; nur Originale, keine Sammler.

Was ist Vergangenheit? Du selbst! **Ernst von Feuchtersleben**

You must find time to bring order to **Meyer Friedman**
your past and to remember it.

Die gute, alte Zeit ist nichts anderes **Erich Wiesener**
als eine rückwärts datierte Kopie.

Alle Entwicklung ist bis jetzt nichts **Henrik Ibsen**
weiter als ein Taumeln von einem
Irrtum in den anderen.

Je weniger jemand über die **Sigmund Freud**
Vergangenheit und die Gegenwart
weiß, desto unsicherer ist sein Urteil
über die Zukunft.

Wir werden nicht durch die **George Bernard Shaw**
Erinnerung an unsere Vergangenheit
weise, sondern durch die
Verantwortung für unsere Zukunft.

Niemand weiß, welche Nachricht von **Friedrich Nietzsche**
Bedeutung ist, bevor hundert Jahre
vergangen sind.

Wenn ich nach einigen Jahren eine **Giacomo Leopardi**
Person wiedersah, die ich jung
gekannt hatte, kam es mir beim ersten
Blick immer so vor, als begegnete ich
jemandem, der irgendein großes
Unglück erlitten hätte.

Ich bin stolz auf die Falten. Sie sind **Brigitte Bardot**
das Leben in meinem Gesicht.

History doesn't repeat itself – but it **Mark Twain**
rhymes.

Hermann Simon	In Großstädten sind Autos heute genauso schnell wie Kutschen vor 200 Jahren, nämlich etwa 12 Stundenkilometer.
George Santayana	Wer nicht aus der Vergangenheit lernen will, der muss sie wiederholen.
Hermann Simon	Es ist erstaunlich, wie ähnlich die Schrift auf den Steinen im Römisch-Germanischen Museum in Köln unserer heutigen Schrift ist.
Friedrich Schlegel	Die Menschen glauben, man habe ein starkes Gedächtnis, wenn man gerade – vielleicht aus der Jugendzeit – Dinge kennt, die sie nicht wissen.
John Osborne	Wer ein schlechtes Gedächtnis hat, erspart sich viele Gewissensbisse.
Karl Gutzkow	Bitter ist es, das heute zu müssen, was man gestern noch wollen konnte.
Hermann Simon	Ob der Marlboro-Cowboy eine historische Gestalt wie Don Quichote wird? Definitiv nicht!
George Santayana	Das Gedächtnis des Menschen ist das Vermögen, den Bedürfnissen der Gegenwart entsprechend die Vergangenheit umzudeuten.
Hermann Simon	Der beste Frühindikator für den bevorstehenden Niedergang sind Auszeichnungen für gutes Management.

Wir leben lieber von den Vorschüssen, die wir der Zukunft abborgen, als von den zwar mäßigen, aber sicheren Renten der Vergangenheit.

Karl Gutzkow

Die Berufe von gestern sind die respektierten Berufe. Je neuartiger ein Beruf ist, desto weniger wird er respektiert – und desto mehr Einkommen bringt er in der Regel ein.

Hermann Simon

Selbst kluge Leute sind vor allem Kinder ihrer Zeit. Diejenigen, die ihrer Zeit voraus sind, werden erst dann als klug erkannt, wenn das von ihnen Vorausgesehene tatsächlich eintritt.

Hermann Simon

Don't assume tomorrow will turn out like today. If you do, you're living in the past.

Leo B. Helzel

Alle vergessenen Gedanken tauchen empor, am anderen Ende der Welt.

Elias Canetti

Alles öffentliche Leben ist wenig mehr als ein Schauspiel, das der Geist von vorgestern gibt, mit dem Anspruch, der Geist von heute zu sein.

Christian Morgenstern

Alles sehen, vieles vorbeigehen lassen, weniges anmahnen!

Papst Johannes XXIII.

Was gelesen wird, ist immer charakteristisch für den Zeitgeist, was geschrieben wird, nicht immer.

Friedrich Paulsen

Robert McNay   People have always felt that the times in which they lived were special: the best of times, the worst of times, and sometimes both together but our times are special, by many objective measures, in that the scale and scope of human activity have for the first time grown to rival the natural processes.

Winston Churchill   We are shaping the world faster than we can change ourselves, and we are applying to the present the habits of the past.

Faith Popcorn   Zum ersten Mal in der Geschichte der Menschheit ist die Wildnis sicherer als die Zivilisation.

Jean Cocteau   Was unsere Epoche kennzeichnet, ist die Angst, für dumm zu gelten, wenn man etwas lobt, und die Gewissheit, für gescheit zu gelten, wenn man etwas tadelt.

Nicolas Chamfort   Der Dummkopf beschäftigt sich mit der Vergangenheit, der Narr mit der Zukunft, der Weise aber mit der Gegenwart.

Hermann Simon   Lichtenberg hat in seinen »Sudelbüchern« um ca. 1790 viele kluge Gedanken und Fragen formuliert, die auch 200 Jahre später noch Bedeutung haben. Welche der Gedanken und Fragen, die wir heute ausdrücken, wird man in 200 Jahren, also ca. 2200, noch beachten?

Ihr lauscht des Tages lauter Stimme
und überhört den Ruf der Zeit.

Ludwig Fulda

Erfahrung

Erfahrung ist ein langer Weg.

Deutsches Sprichwort

Erfahrung ist die einzige Schule, in
der auch Dummköpfe etwas lernen
können.

Benjamin Franklin

Erfahrung ist eine teure Schule.

Deutsches Sprichwort

Good judgement is usually the result
of experience and experience
frequently is the result of bad
judgement.

Robert Lowell

Erfahrung ist eine teure Schule, aber
Narren gehen in keine andere.

Deutsches Sprichwort

Leben heißt Zeit in Erfahrung
verwandeln.

Kalleb Gattegno

The wider the experience, the
stronger the personality.

Indira Gandhi

Erfahrung bleibt die beste
Wünschelrute.

Johann Wolfgang von Goethe

Erfahrung ist, was übrigbleibt, wenn
man alles theoretische Wissen
vergessen hat.

Daniel Goeudevert

Wer sich mit reiner Erfahrung
begnügt und danach handelt, der hat
Wahres genug.

Johann Wolfgang von Goethe

Thomas Carlyle	Erfahrung ist der beste Lehrmeister, aber das Schulgeld ist hoch.
Friedrich der Große	Was nützt die Erfahrung, wenn sie nicht durch Nachdenken fruchtbar gemacht wird? Die Erfahrung erfordert eine gründliche Untersuchung.
Deutsches Sprichwort	Erfahrung ist die Mutter der Wissenschaft.
Hugo von Hofmannsthal	In Hinsicht auf den Begriff »Erfahrung« gibt es zwei unangenehme Sorten von Leuten: die, denen Erfahrung mangelt, und die, welche sich auf Erfahrung zu viel zugute tun.
Chester Barnard	Einen Versuch wagen und dabei scheitern bringt zumindest einen Gewinn an Wissen und Erfahrung.
Thomas Henry Huxley	There is the greatest practical benefit in making a few failures early in life.
Aldous Huxley	Erfahrung ist nicht das, was mit einem Menschen geschieht, sondern das, was er daraus macht.
Eugène Ionesco	Wir glauben, Erfahrungen zu machen, aber die Erfahrungen machen uns.
Immanuel Kant	Denken ohne Erfahrung ist leer, Erfahrung ohne Denken ist blind.
Johann Heinrich Pestalozzi	Wer etwas wert ist, den macht Erfahrung und Unglück besser.

Americans tend to overvalue new knowledge and undervalue experience.

Rosabeth M. Kanter

So wie manche Pflanzen nur Früchte tragen, wenn sie nicht zu hoch in den Stengel schießen, so müssen in praktischen Künsten die theoretischen Blätter und Blumen nicht zu hoch getrieben, sondern der Erfahrung, ihrem eigentümlichen Boden, nahe gehalten werden.

Carl von Clausewitz

Der Irrtum ist die tiefste Form der Erfahrung.

Martin Kessel

Der aus Büchern erworbene Reichtum fremder Erfahrung heißt Gelehrsamkeit. Eigene Erfahrung ist Weisheit.

Gotthold Ephraim Lessing

Einmal vor Ort sehen ist besser als hundert Mal lesen.

Chinesisches Sprichwort

Gewissheit erlangt man nicht vom Hörensagen.

Friedrich der Große

Erfahrung, nicht Lesen und Hören, ist die Sache. Es ist nicht einerlei, ob eine Idee durch das Auge oder das Ohr in die Seele kommt.

Georg Christoph Lichtenberg

Erfahrungen wären nur dann von Wert, wenn man sie hätte, ehe man sie machen muss.

Karl Heinrich Waggerl

Erfahrung ist der Name, den die Menschen ihren Irrtümern geben.

Oscar Wilde

Gotthold Ephraim Lessing	Das kleinste Kapital eigener Erfahrung ist mehr wert als Millionen Erfahrungen anderer.
Ernst von Wildenbruch	Erfahrung heißt reich werden durch Verlieren.
Amerikanische Weisheit	Experienced people don't make many errors. But it requires many errors to become experienced.
Chinesische Weisheit	Willst du etwas wissen, so frage einen Erfahrenen und keinen Gelehrten.
Litauische Weisheit	Ein einziges Blättchen Erfahrung ist mehr wert als ein ganzer Baum voll guter Ratschläge.
Hermann Hesse	Ratgeben kann man nur da, wo man die Lage des anderen aus eigenem Erlebnis kennt.
Bernd Rohrbach	Erfahrene Fachleute sind Menschen, die wissen, was nicht geht.
Otto von Bismarck	Nur ein Idiot glaubt, aus den eigenen Erfahrungen zu lernen. Ich ziehe es vor, aus den Erfahrungen anderer zu lernen, um von Vornherein eigene Fehler zu vermeiden.
Robert L. Montgomery	It's too costly to learn from your own experience. You not only learn much faster, but it is also much cheaper to learn from other people's experiences.
Kurt Tucholsky	Die Nase hat das beste Gedächtnis von allen.

It's wise to have as wide a set of experiences as possible.

Warren Bennis

Wer heute den Kopf in den Sand steckt, knirscht morgen mit den Zähnen.

Günther Piff

Wer neue Heilmittel scheut, muss alte Übel dulden.

Francis Bacon

Erfolgserfahrung ist der größte Feind des Wandels.

Hermann Simon

Was gestern die Formel für den Erfolg war, wird morgen das Rezept für Niederlagen sein.

Arnold Glasow

Bei jedem Neubeginn sollte man bedenken, dass man seine Erfahrungen im geistigen Rucksack mitschleppt.

Hermann Simon

Das Benutzen der Erlebnisse ist mir immer alles gewesen; das Erfinden aus der Luft war nie meine Sache. Ich habe die Welt stets für genialer gehalten als mein Genie.

Johann Wolfgang von Goethe

Jeder hat noch in den Alten gefunden, was er brauchte oder wünschte.

Athenäum-Fragmente

When an old man dies, a library burns down.

Afrikanisches Sprichwort

Der Vorteil des schlechten Gedächtnisses ist, dass man dieselben guten Dinge mehrere Male zum ersten Mal genießt.

Friedrich Nietzsche

Anonymus Die Gegenwart hat keine Dimension. Sie ist nur der Übergang zwischen Vergangenheit und Zukunft. Folglich kann man entweder nur in der Vergangenheit oder nur in der Zukunft leben. Die meisten Menschen leben in der Vergangenheit.

Benjamin Disraeli Lies keine Geschichtswerke; nur Biographien, denn das ist Leben ohne Theorie

Hermann Hesse Intellektuelle Erkenntnisse sind Papier. Vertrauen hat immer nur der, der von Erfahrenem redet.

Gewohnheit und Erstarrung

Cicero Die Gewohnheit ist eine zweite Natur.

Aristoteles Die Gewohnheit ist der Natur gewissermaßen ähnlich.

Franz Liszt Glücklich, wer mit den Verhältnissen zu brechen versteht, ehe sie ihn gebrochen haben.

Friedrich von Schiller Warum soll ich mich verändern, wenn ich mich wohlbefinde?

aus Frankreich Nichts ist zählebiger als ein Provisorium.

Anonymus Ein Hund, der in Venedig aufwächst, hält Straßen aus Wasser wohl für das normalste der Welt.

The philosophy of the divine right of kings died hundred of years ago, but not, it seems, the divine right of inherited markets. Some people still believe there's a divine dispensation that their markets are theirs – and no one else's – now and forever. It is an old dream that dies hard, yet no businessman in a free society can control a market when the customers decide to go somewhere else. All the king's horses and all the king's men are helpless in the face of a better product. Our commercial history is filled with examples of companies that failed to change with a changing world, and became tombstones in the corporate graveyard.

Walter Wriston

Aus Gründen, die den Verhaltensforschern noch recht schleierhaft sind, neigen Tiere wie Menschen dazu, die jeweils bestmöglichen Anpassungen als die auf ewig einzig möglichen zu betrachten. Das führt zu einer zweifachen Blindheit: erstens dafür, dass im Laufe der Zeit die betreffende Anpassung eben nicht mehr die bestmögliche ist, und zweitens dafür, dass es neben ihr schon immer eine ganze Reihe anderer Lösungen gegeben hat oder zumindest nun gibt.

Paul Watzlawick

Eine Angewohnheit kann man nicht aus dem Fenster werfen. Man muss sie die Treppe hinunterboxen, Stufe für Stufe.

Mark Twain

August von Platen Es ist leichter, eine gute Gewohnheit anzunehmen, als sich einer schlechten zu entwöhnen.

Arthur Koestler Eine neue Gewohnheit anzunehmen ist leicht, mit einer Gewohnheit zu brechen ist dagegen eine heroische Leistung des Geistes oder des Charakters. Grundbedingung jeder schöpferischen Originalität ist die Kunst, im richtigen Augenblick bereits Bekanntes zu vergessen.

Napoleon Hill Die Gewohnheit ist das Grab des Erfolges.

William James In adopting a new habit never suffer an exception till the new habit is securely rooted in your life.

Anonymus Achte auf deine Gedanken, denn sie werden Worte. Achte auf deine Worte, denn sie werden Handlungen. Achte auf deine Handlungen, denn sie werden Gewohnheit.

Karl Heinrich Waggerl Wir meinen die Natur zu beherrschen, aber wahrscheinlich hat sie sich nur an uns gewöhnt.

Sprüche Salomons Wenn man einen Knaben gewöhnt, so lässt er nicht davon, wenn er alt wird.

Paul Watzlawick Wer nur einen Hammer hat, dem ist alles Nagel.

Burt Lancaster Solange man neugierig ist, kann einem das Alter nichts anhaben.

Dem Geist sind keine Grenzen
gesetzt, außer jenen, die wir selbst
anerkennen.

Napoleon Hill

Eine Kultur ist das Treibhaus, das es
den menschlichen Fähigkeiten
erlaubt, sich zu entwickeln, und
zugleich das Gefängnis, das sie
einengt.

Aldous Huxley

Ein Elfenbeinturm hat keine Fenster.

Hermann Simon

To break a bad habit, drop it.

Anonymus

Wir brauchen nicht so fortzuleben,
wie wir gestern gelebt haben. Machen
wir uns von dieser Anschauung los,
und tausend Möglichkeiten laden uns
zu neuem Leben ein.

Christian Morgenstern

Die Fesseln der Gewohnheit sind
meist so fein, dass man sie gar nicht
spürt. Doch wenn man sie spürt, sind
sie schon so stark, dass sie sich nicht
mehr zerreißen lassen.

Samuel Johnson

In der ersten Hälfte seines Lebens
erwirbt der Mensch Gewohnheiten,
die ihm in der zweiten Hälfte zu
schaffen machen.

Lothar Schmidt

O wie gut erginge es manchen
Menschen, wenn sie einmal aus
ihrem Geleise herauskämen.

Seneca

Der größte Feind des Fortschritts ist
nicht der Irrtum, sondern die
Trägheit.

Frederick T. Buckle

Hermann Simon Früher hieß es »pantha rei – alles fließt«. Heute heißt es »alles erstarrt«.

Friedrich von Hayek Never will a man penetrate deeper into error than when he is continuing on a road that has led him to great success.

August von Platen Die gemeinsten Meinungen und was jedermann für ausgemacht hält, verdient oft am meisten untersucht zu werden.

Arthur C. Clarke When a distinguished but elderly scientist states that something is possible, he is almost certainly right. When he states that something is impossible, he is very probably wrong.

Charles P. Snow Wenn die Naturwissenschaftler die Zukunft im Blut haben, dann reagiert die überkommene Kultur mit dem Wunsch, es gäbe gar keine Zukunft. Diese überkommene Kultur jedoch dirigiert die westliche Welt in einem Ausmaß, das durch das Auftreten der naturwissenschaftlichen Kultur erstaunlich wenig geschmälert wird.

Henri Bergson The tools of the mind become burdens when the environment which makes them necessary no longer exists.

Harry S. Truman Experten sind Leute, die, damit sie Experten bleiben, sich weigern, etwas hinzuzulernen.

A useful and somewhat surprising lesson of historical scholarship is that widely accepted facts are often wrong.

George Stigler

Die Entdeckungen von gestern sind die Gemeinplätze von heute, und wir staunen über die einstige Blindheit der Menschen.

Arthur Koestler

Neue Ideen begeistern jene am meisten, die auch mit den alten nichts anzufangen wussten.

Karl Heinrich Waggerl

Am gefährlichsten ist die Dummheit, die nicht der Ausdruck von Unbildung ist, sondern von Ausbildung.

Helmut Arntzen

Eingebildete Übel gehören zu den unheilbaren.

Marie von Ebner-Eschenbach

Jeder kann Fehler machen, aber nur Dummköpfe beharren auf ihren Irrtümern.

Cicero

The definition of insanity is doing the same thing over and over again, expecting different results.

Rita Mae Brown

Wer heute nur immer das tut, was er gestern schon getan hat, der bleibt morgen, was er heute schon ist!

Günther Piff

Die Menschen argumentieren, um ihre eigenen Vorurteile zu stärken, und nicht, um die Überzeugungen ihres Gegners zu erschüttern.

Ashley Dukes

Albert Einstein Es ist schwieriger, ein Vorurteil zu zertrümmern als ein Atom.

Andrew A. Rooney People will generally accept facts as truth only if the facts agree with what they already believe.

Barbara Tuchman Man will not believe what does not fit in with their plans or suit their prearrangements.

Jack Welch The people who get in trouble in our company, are those who carry around the anchor of the past.

Klaus Hilleke Er verletzte sich beim Beschuss von Stellungen, die er längst glaubte verlassen zu haben.

Eugene McCarthy The only thing that saves us from the bureaucracy is its inefficiency.

T. K. Quinn Big business breeds bureaucracy and bureaucrats exactly as big government does.

C. Northcote Parkinson Dass man mit Dienst nach Vorschrift die Urheber der Vorschriften lächerlich machen kann, ist eine herrliche Pointe der Bürokratie.

Wilhelm Busch Nach dem vierzigsten Jahr ändert keiner mehr seine Philosophie.

Johann Wolfgang von Goethe In der Gewohnheit ruht das einzige Behagen des Menschen; selbst das Unangenehme, woran wir uns gewöhnten, vermissen wir ungern.

Schalter sind die Schließmuskel der Bürokratie. **Wolfram Weidner**

Querulanten sind Bürokraten, die es nicht geschafft haben. **Hans Kasper**

Die Bürokratie ist ein gigantischer Mechanismus, der von Zwergen bedient wird. **Honoré de Balzac**

Polaritäten und Widersprüche

The test of a first-rate intelligence is the ability to hold two opposed ideas in the mind at the same time, and still retain the ability to function. **F. Scott Fitzgerald**

Without contraries there is no progression. **William Blake**

Theorie und Praxis sind eins und bleiben doch zwei wie Materie und Geist, wie Seele und Leib, wie Mann und Weib, wie Denken und Schauen. **Bogumil Goltz**

Erst die Dinge werden wesentlich, die einander vollkommen ausschließen. **Hans Arndt**

Wir mögen die Welt kennen lernen wie wir wollen, sie wird immer eine Tag- und eine Nachtseite haben. **Johann Wolfgang von Goethe**

Objektivität. Es hat alles zwei Seiten. Aber erst wenn man erkennt, dass es drei sind, erfasst man die Sache. **Heimito von Doderer**

Niels Bohr	Contraria non contradictoria sed complementa sunt. (Gegensätze sind keine Widersprüche, sondern Komplemente.)
Slogan auf einem T-Shirt	If you torture the data long enough, they will confess.
Hermann Simon	Stabilisierung von Bewährtem und Konstanz einerseits, Flexibilität und Kreativität andererseits lassen sich nur durch die Kombination von Ordnung und Chaos erreichen.
William Somerset Maugham	There is only one thing about which I am certain, and that is that there is very little about which one can be certain.
George Bernard Shaw	Die goldene Regel heißt: Es gibt keine goldene Regel.
Hermann Simon	Alle Regeln sind falsch – auch diese.
Norman R. Augustine	Es gibt keine faulen, alten Großwildjäger.
Anatole France	Es liegt in der menschlichen Natur, vernünftig zu denken und unvernünftig zu handeln.
Seneca	Unterwirf dich der Vernunft, wenn du dir alles unterwerfen willst.
Japanische Weisheit	Der Zweig, der nachgibt, bricht nicht.
Albert Einstein	Great spirits have always found violent opposition from mediocrities.

Der Steuermann vereinigt zwei **Seneca**
Rollen in sich. Die eine hat er mit
allen, die dasselbe Schiff bestiegen
haben, gemein: Er ist selbst auch
Passagier. Die Rolle des Steuermanns
dagegen kommt ihm allein zu. Der
Sturm schadet nur dem Passagier in
ihm, nicht aber dem Steuermann.

Perfection of means and **Albert Einstein**
confusion of goals seem – in my opinion –
to characterize our age.

Pläne sind nichts, Planung ist alles. **Dwight D. Eisenhower**

Im Umgang zieht jeder den ihm **Arthur Schopenhauer**
Ähnlichen entscheidend vor; sodass
einem Dummkopf die Gesellschaft
eines anderen Dummkopfes ungleich
lieber ist als die aller großen Geister.

Immer zu misstrauen ist ein Irrtum **Johann Wolfgang von Goethe**
wie immer zu trauen.

In the world there are only two **Oscar Wilde**
tragedies: One is not getting what one
wants, and the other is getting it.

Wenn wir die Hälfte unserer **Benjamin Franklin**
Wünsche erfüllen, verdoppeln wir
unsere Sorgen.

Unsere Zeit ist eine Zeit der **Robert Musil**
Erfüllung, und Erfüllungen sind
immer Enttäuschungen.

Le bonheur n'est qu'un rêve, et la **Voltaire**
douleur est réelle.

Albert Einstein The most incomprehensible thing about the world is that it is comprehensible.

Lucretius Denn solange uns fehlt, was wir wünschten, erscheint es an Wert uns alles zu übertreffen; sogleich aber, wenn es erlangt ward, stellt sich ein anderes ein, und so hält immer ein gleicher Durst uns fest, die wir nach dem Leben lechzend verlangen.

Arthur Schopenhauer Der Reichtum gleicht dem Seewasser: Je mehr man davon trinkt, desto durstiger wird man. Dasselbe gilt von dem Ruhm.

Alexander Woollcott Viele Menschen verwenden die Hälfte ihrer Zeit dazu, sich Dinge zu wünschen, die sie bekommen würden, wenn sie nicht die Hälfte ihrer Zeit dazu verwendeten, sie sich zu wünschen.

Athenäum-Fragmente Arrogant ist, wer Sinn und Charakter zugleich hat und sich dann und wann anmerken lässt, dass diese Verbindung gut und nützlich sei.

David Herbert Lawrence Jeder führt ein Doppelleben. In Taten und Gedanken. Beide Leben sind wahr. Nur den Tagebüchern darf man nicht glauben.

Alvin Toffler You've got to think about »big things« while you're doing small things, so that all the small things go in the right direction.

Geistreich ist nur, was nicht ganz ernst gemeint ist.

Thomas Niederreuther

Der Künstler braucht Arbeitsillusionen, wie der Forscher Arbeitshypothesen braucht: Ja, Hypothese und Illusion sind funktionell und an sich das Gleiche.

Gerhart Hauptmann

Wenn etwas kleiner ist als das Größte, so ist es darum noch lange nicht unbedeutend.

Seneca

Lieber Gott, gib mir Geduld, und zwar sofort.

Oren Arnold

Wer zusieht, dem ist keine Arbeit zu schwer.

Anonymus

Arbeit ist das Einzige, was mich nicht müde macht.

Paul Reynauld

Arbeiten, um nicht denken zu müssen, ist auch Faulheit.

Erhard Blanck

Was auf den ersten Blick wie Feigheit aussieht, ist möglicherweise Klugheit.

Jean Giono

Psychoanalyse ist jene Geisteskrankheit, für deren Therapie sie sich hält.

Karl Kraus

Psychoanalyse ist die Krankheit, die zu heilen sie vorgibt.

Arthur Koestler

Nirgends strapaziert sich der Mensch mehr als bei der Jagd nach Erholung.

Lawrence Sterne

Henning Schulte-Noelle Oft sage ich mir abends: zu viel gelesen, zu viel geredet, zu wenig nachgedacht.

Henri Bergson Wer scharf denkt, wird Pessimist. Wer tief denkt, wird Optimist.

James Branch Cabell Der Optimist erklärt, dass wir in der besten aller möglichen Welten leben, und der Pessimist fürchtet, dass dies wahr ist.

Johann Wolfgang von Goethe Man sagt, zwischen zwei entgegengesetzten Meinungen liege die Wahrheit mitten inne. Keineswegs! Das Problem liegt dazwischen.

Martin Kessel Die Jugend verachtet die Folgen; darauf beruht ihre Stärke.

Winston Churchill If you are not a liberal at age 20, you have no heart; if you are not a conservative at age 40, you have no brain.

Bernard M. Baruch Wir müssen uns immer wieder dessen versichern, dass unsere Anstrengungen auf den entscheidenden Kern des Problems gerichtet sind und nicht auf abschweifende Nebenfragen. Je komplexer die Schwierigkeiten sind, denen wir gegenüberstehen, desto wichtiger wird es, immer an dieses Gebot zu denken. Denn es liegt in der menschlichen Natur, dem ausweichen zu wollen, mit dem wir nicht fertig werden.

Verbindet die Extreme, so habt ihr die wahre Mitte.

Friedrich Schlegel

Man muss jung sein, um große Dinge zu tun.

Johann Wolfgang von Goethe

Hast du einen jungen Menschen davor bewahrt, Fehler zu machen, dann hast du ihn auch davor bewahrt, Entschlüsse zu fassen.

John Erskine

Nur dem nützt das Lob, der den Tadel zu schätzen versteht.

Robert Schumann

Es ist eine ganz falsche Dankbarkeit, verdiente Männer so lange auf ihren Posten zu erhalten, bis sie ihre alten Verdienste durch neue Torheiten ausgelöscht haben.

Anonymus

One thing is wrong with self-made man, he tends to worship his maker.

Morris Raphael Cohen

We are all proud of admitting little mistakes. It gives us the feeling we don't make any big ones.

Andrew A. Rooney

Um sanft, tolerant, weise und vernünftig zu sein, muss man über eine gehörige Portion Härte verfügen.

Peter Ustinov

Du kannst wählen zwischen der Wahrheit und der Ruhe, aber beides zugleich kannst du nicht haben.

Ralph Waldo Emerson

Keine Meinung zu haben, das kann sich nur der ganz Unabhängige leisten.

Hans Krailsheimer

Karl-Otto Pöhl Guter Rat mag teuer sein. Aber nicht jeder teure Rat ist gut.

Hermann Simon Guter Rat ist teuer. Schlechter auch.

Erhard Blanck Jede Beförderung ist zugleich auch eine Forderung.

Wilson Mizner Be nice to people on your way up because you will meet them on your way down.

Johann Wolfgang von Goethe Wenn man sich nur bewegt, andere in Bewegung bringt, so fügt sich gar manches schön und gut.

Karl Kraus Es gibt nur eine Möglichkeit, sich vor der Maschine zu retten. Das ist, sie zu benützen. Nur mit dem Auto kommt man zu sich.

José Ortega y Gasset Technik ist die Anstrengung, Anstrengungen zu vermeiden.

Charles Knight If you can't explain it, you don't understand it.

David Hockney The thing with high-tech is that you always end up using scissors.

Andrew A. Rooney Computers may save time but they sure waste a lot of paper. About 98 percent of everything printed out by a computer is garbage that none ever reads.

Albert Camus I believe in justice, but I will defend my mother before justice.

Das größte Risiko gehen jene Anleger ein, die nie das kleinste Risiko eingehen wollen.

Carl Fürstenberg

Der Mensch bringt sogar die Wüsten zum Blühen. Die einzige Wüste, die ihm noch Widerstand bietet, befindet sich in seinem Kopf.

Ephraim Kishon

To be poor and independent is very nearly an impossibility.

William Cobbett

Von einem haben die so genannten gebildeten Leute gewöhnlich keine Vorstellung: dass jemand den zusammengesetzten und künstlichen Zustand, den sie Bildung nennen und der auch wirklich Bildung ist, durchgemacht haben könne und auf der anderen Seite wieder ins Einfache und Natürliche herausgekommen sei. Ihnen scheint alles Schlichte Unkultur.

Franz Grillparzer

The population of the earth decreases every day, and, if this continues, in another ten centuries the earth will be nothing but a desert.

Charles-Louis de Montesquiieu

Infusion of capital and talent makes small businesses bigger. To get both requires giving up some ownership. A smaller interest in a substantial company beats 100 percent of little or nothing.

Leo B. Helzel

Wer seine Schuld bezahlt, verringert sein Gut nicht.

Christoph Lehmann

Jonathan Swift Wer kann erwarten, die Menschheit werde gute Ratschläge befolgen, wenn sie nicht einmal Warnungen zur Kenntnis nimmt?

Charles P. Snow Die Zahl 2 ist eine sehr gefährliche Zahl. Gegenüber jedem Versuch, irgendetwas in zwei Teile zu zerlegen, ist stärkstes Misstrauen am Platze.

Samuel Butler Die Menschen folgen mit Vorliebe denen, die ihnen dienen und sie gleichzeitig verachten.

Japanische Weisheit Wer kauft, was er nicht braucht, wird verkaufen müssen, was er nötig hat.

Henry W. Longfellow Es ist einfacher, eine Sache richtig zu machen, als zu erklären, warum man sie falsch gemacht hat.

Hermann Simon Leider gibt es in Unternehmen zu wenig Hofnarren.

Ralf Dahrendorf Intellektuelle haben als Hofnarren der modernen Gesellschaft geradezu die Pflicht, alles Unbezweifelte anzuzweifeln, über alles Selbstverständliche zu erstaunen, alle Autorität kritisch zu relativieren und alle jene Fragen zu stellen, die sonst niemand zu stellen wagt.

Hermann Simon Warum brauchen Unternehmen Berater? Aus dem gleichen Grund, aus dem Spitzensportler Trainer brauchen.

Comment is free but facts are sacred. **Charles Prestwich Scott**

Echte Selbstsicherheit setzt voraus, **Ken Elton Kesey**
dass man den Dingen eine heitere
Seite abgewinnen kann.

It's only the companies that you're **Fred Vanderschmid**
unfamiliar with that are well
managed.

Das Widerstreitende ist vorteilhaft, **Heraklit**
und aus dem Wesensverschiedenen
erwächst die schönste Harmonie, wie
eben alles aus Gegensätzlichem
entsteht.

The thing I hate about an argument is **Gilbert Keith Chesterton**
that it always interrupts a discussion.

Diskussion: eine Methode, andere in **Ambrose Bierce**
ihren Irrtümern zu bestärken.

Zwei Wahrheiten können sich nie **Galileo Galilei**
widersprechen.

The man who sees both sides of a **Oscar Wilde**
question is a man who sees absolutely
nothing at all.

People who are wrong seem to talk **Andrew A. Rooney**
louder than anyone else.

Die Welt in ihrer Tiefe verstehen **Friedrich Nietzsche**
heißt, den Widerspruch verstehen.

Man ist schlecht beraten, wenn man **Ludwig Rosenberg**
nur mit Leuten zusammenarbeitet,
die nie widersprechen.

David Hume	Truth arises from disagreement amongst friends.
Charles de Gaulle	Mit Churchill habe ich mich viel und bitter gestritten, aber wir sind immer miteinander ausgekommen. Mit Roosevelt habe ich mich niemals gestritten, aber ich bin niemals mit ihm ausgekommen.
Ludwig Börne	Der Sauerteig eines widersprechenden Geistes scheint mir unentbehrlich, damit das Werk gedeihe und genießbar werde.
Hermann Simon	Was einem wohl mehr auffällt: das Blühen der Blumen im Sommer oder ihre Abwesenheit im Winter? Bei der Gesundheit ist es jedenfalls die Abwesenheit.
Wilfried Krüger	Konflikte sind normal, ubiquitär, permanent und produktiv nutzbar.
Hermann Simon	Ein Kaminfeuer ist sehr gemütlich, insbesondere wenn man es nicht selbst anzünden muss.
George Herbert	A lean compromise is better than a fat lawsuit.
Helmut Qualtinger	Viele tun etwas nur deshalb nicht, weil keiner es ihnen verbietet.
Deutsches Sprichwort	Was man verbeut, das tun die Leut.
Robert Burns	Der Kritiker ist ein Wegelagerer auf dem Weg zum Ruhm.

Das Ergebnis einer Verhandlung entspricht dem Verhältnis der Gewichte der beiden Verhandlungsgegner.

Anonymus

Er wurde Vorstandsvorsitzender. Jedoch nicht, weil es ihn nach oben zog, sondern weil er unten weg wollte.

Hermann Simon

Ausnahmen sind nicht immer Bestätigung der alten Regel; sie können auch die Vorboten einer neuen Regel sein.

Marie von Ebner-Eschenbach

Wer die Augen offen hält, dem wird im Leben manches glücken. Doch noch besser geht es dem, der versteht, eins zuzudrücken.

Johann Wolfgang von Goethe

Wirf weg, um zu besitzen.

Friedrich Hebbel

Wissensmanagement: ein Gebiet, über das wir nichts wissen.

Hermann Simon

Es ist schade, dass es keine Sünde ist, Wasser zu trinken«, rief ein Italiener, »wie gut würde es schmecken!«

Georg Christoph Lichtenberg

Wer sich selber treu bleiben will, kann nicht immer anderen treu bleiben.

Christian Morgenstern

Vorsicht und Misstrauen sind gute Dinge, nur sind auch ihnen gegenüber Vorsicht und Misstrauen nötig.

Christian Morgenstern

Hermann Simon   Zu zweit zu verreisen ist besser als allein zu Hause zu bleiben.

Oscar Wilde   The well-bred contradict other people, the wise contradict themselves.

Hermann Simon   Die Steuerberater sind genauso wenig für die Vereinfachung der Steuergesetze wie die Ärzte für die Abschaffung der Krankheiten.

Aktion

Letztlich zählt im Management nur, was an Aktionen und Handlungen umgesetzt wird. Das ist oft wenig genug. So sagte mir ein Vorstand eines deutschen Großunternehmens, dass allenfalls ein Viertel der offiziell verabschiedeten strategischen Pläne tatsächlich realisiert werden. Der Weg von der Idee zur Aktion ist mit zahlreichen Hürden und Fallstricken versehen. Schon der erste Schritt, die Entscheidung, fällt vielen Einzelnen und erst recht vielen Gremien schwer. Durchsetzung schließlich erfordert Macht und die Bereitschaft zur Veränderung. Hinzu kommt der Wille, als ein in der Managementliteratur kaum beachtetes Phänomen. Auf all diesen Stufen gibt es in den meisten Unternehmen gravierende Defizite. Die Zitate im vorliegenden Kapitel decken diese auf, geben teilweise auch Ratschläge zu ihrer Überwindung. Aber sie verdeutlichen auch, dass es hierbei nicht um Methoden oder Techniken, sondern um die innere Substanz der handelnden Personen geht.

»Wollen kann man nicht lernen«, sagt Seneca. Woher kommt aber das Wollen? Woran liegt es, dass in zu vielen Unternehmen die Epidemie der »Paralyse durch Analyse« grassiert? Die Fähigkeit, zu entscheiden, beinhaltet eine der wichtigsten Eigenschaften des Managers. In unserer Zeit scheint es mehr denn je notwendig, schnell und unter unvollkommener Information zu entscheiden. Welche Rolle spielen hierbei Herz und Kopf bzw. Intuition und Ratio? Glaubt man einigen unserer Protagonisten, so kommt das Herz bei vielen modernen Entscheidungen zu kurz. Ich stimme dem zu. Ich selbst habe im Laufe meiner Jahre als Berater und Manager gelernt, dass man im Zweifel der Intuition folgen soll. Es gibt Dinge, die wir rational nicht erfassen können, die sich aber für die Konsequenzen einer Entscheidung oft als ausschlaggebend erweisen.

Für die Entscheidung selbst, erst recht aber für die nachfolgenden Schritte der Durchsetzung und Veränderung bedarf es der Macht. Doch was ist Macht? Francis Bacon macht es sich einfach mit seinem berühmten Spruch »Wissen ist Macht«. Teilweise wird diese Aussage in den späteren Abschnitten relativiert, zum Beispiel von Goethe, der feststellt, es sei nicht genug zu wissen, man müsse auch tun. Macht ist mehr als Wissen! Worte reichen nicht aus, Macht zu schaffen, dazu bedarf es der Tat. Der ehemalige US-Präsident Ronald Reagan liefert einen schlagkräftigen Beleg. Ganz am Anfang seiner Präsidentschaft streikten die Fluglotsen. Er setzte ihnen ein Ultimatum, in dem er drohte, sie alle zu entlassen, wenn der Streik nicht bis zu einem bestimmten Zeitpunkt beendet sei. Diese Drohung war angesichts der Schlüsselstellung, die Fluglotsen in Amerika innehaben, absurd und unglaubwürdig. Doch Reagan tat das Unvorstellbare und feuerte sie alle. Von diesem Moment an stellte niemand mehr seine Macht in Frage.

Ziel von Aktionen ist die Veränderung. Die prägnantesten Hinweise auf die universale Bedeutung des Wandels sind sehr alt. Heraklits berühmtes »panta rhei« (alles fließt), seine Aussage »Es gibt nichts Dauerhaftes außer dem Wandel« beleuchten dies. Auch im Buddhismus bildet die Einsicht, dass nichts beständig ist und sich alles wandelt, eine der zentralen Botschaften. Die Evolution, aus der sich interessante Analogien für das Management ziehen lassen, ist nichts anderes als ein Prozess fortlaufender Veränderung und Selektion. Dennoch tun wir heute so, als hätten gerade wir die Notwendigkeit der Veränderung neu entdeckt, als seien Veränderungsmanagement oder Change Management innovative Ansätze unserer Zeit. Die Weisheiten zu diesem Thema belehren uns eines Besseren. Veränderung, die Widerstände dagegen, die Tricks, Menschen und Organisationen zu ändern, sind so alt wie die Menschheit selbst.

Schließlich die Umsetzung. Wille, Mut und andere schwer fassbare Charaktereigenschaften sind notwendig, sie zu bewerkstelligen. Nur die Tat zählt. Ein Thema vor allem zieht sich dabei durch unsere Sprüchesammlung, die Diskrepanz zwischen Reden und Tun. Zwischen beiden liegt, einem italienischen Sprichwort zufolge, das Meer, und das Meer ist bekanntlich sehr, sehr groß.

Entscheidung

Die Notwendigkeit der Entscheidung reicht weiter als die Fähigkeit zum Erkennen.

Immanuel Kant

Wenige Menschen denken, und doch wollen alle entscheiden.

Friedrich der Große

The essence of the ultimate decision remains impenetrable to the observer – often indeed, to the decider himself. There will always be the dark and tangled stretches in the decision-making process – mysterious even to those who may be most intimately involved.

John F. Kennedy

Wer jede Entscheidung schwer nimmt, kommt zu keiner.

Harold Macmillan

Der Schwache zweifelt vor der Entscheidung, der Starke danach.

Karl Kraus

Der echte Charakter liebt die Entscheidung; er legt sich fest, und zwar durch die Tat.

Martin Kessel

Die Klugheit gibt nur Rat, die Tat entscheidet.

Franz Grillparzer

Nichts ist schwieriger und darum wertvoller als die Fähigkeit zu entscheiden.

Napoleon Bonaparte

Für Manager gilt die 10:8-Regel. Man trifft zehn Entscheidungen, acht sind richtig, zwei sind falsch.

Matthias Beltz

Thomas A. Harris Man muss sich Zeit nehmen für wichtige Entscheidungen in Grundfragen. Das macht zahlreiche kleine Entscheidungen überflüssig. Die Mehrzeit, die man auf die großen Entscheidungen verwendet, wird mehr als eingespart bei den kleinen Entscheidungen.

Robert Heller If sophisticated calculations are needed to justify an action, don't do it.

Oskar Blumenthal Ein kluger Entschluss reift unverhofft, blitzschnell und ohne Erwägung, doch Dummheiten machen wir allzu oft nach reiflichster Überlegung.

Charles de Gaulle Es ist besser, unvollkommene Entscheidungen durchzuführen, als ständig nach vollkommenen zu suchen, die es niemals geben wird.

Joseph Joubert Es ist besser, ein Problem zu erörtern, ohne es zu entscheiden, als zu entscheiden, ohne es erörtert zu haben.

Andrew A. Rooney A person is more apt to get to be the boss by making decisions quickly than by making them correctly.

Matthias Beltz Wenn man eine Entscheidung fällt, kann diese nur falsch sein.

Henri-Frédéric Amiel Wer darauf besteht, alle Faktoren zu überblicken, bevor er sich entscheidet, wird sich nicht entscheiden.

Es ist besser, eine Sache zu diskutieren, ohne eine Entscheidung zu treffen, als eine Entscheidung ohne Diskussion zu treffen. Ich würde hinzufügen, es ist besser, zu diskutieren und zu entscheiden.

William Overacker

One of the realities of the human predicament is that we frequently have to make decisions before all the facts are in.

Thomas A. Harris

Life is the art of drawing sufficient conclusions from insufficent premises.

Samuel Butler

Vor der Planung ist das Hirn einzuschalten und nicht nur der Rechner.

Werner L. Hetterich

The task of management is not to apply a formula but to decide issues on a case by case basis.

Alfred Sloan

Rationality required for humans to prevail and endure should be informed by the emotion and feeling that stem from the core of everyone of us.

Antonio R. Damasio

Der Einzelne sollte entscheiden, wenn es auf hohe Entscheidungsqualität ankommt. Die Gruppe sollte entscheiden, wenn hohe Akzeptanz gefordert wird.

Bernd Rohrbach

Die Zeit ist immer reif, es fragt sich nur wofür.

François Mauriac

John Maddox

Everything is controlled by stultifying comittees, so that decisions are made too slowly, and dangerous compromises are reached. The result is that the United States is now moving less quickly than Japan.

Charles E. Nielson

Wer zu einer übereilten Entscheidung gezwungen wird, sage lieber »Nein« als »Ja«. Es ist leichter, ein Nein in ein Ja zu verwandeln als ein Ja in ein Nein.

Winston Churchill

When a man cannot distinguish a great from a small event, he is of no use.

Gerhard Neumann

Ich hatte einen ehemaligen Marine-angehörigen, der hochintelligent und gleichzeitig sehr stur war. Ich gab ihm den Job, mich zu allen größeren geschäftlichen Entscheidungen ins Kreuzverhör zu nehmen, bevor ich sie endgültig traf. Er wurde dafür bezahlt, ein professioneller Advocatus Diaboli zu sein.

Alfred Sloan

Gentlemen,
we are all in complete agreement on the decision.
I propose we postpone further discussion to give ourselves time to develop disagreement.

Max Hopper

Decisions we once made monthly, we'll make weekly. Those we made weekly, we'll make daily. Those we made daily, we'll make hourly.

Professionals can help with major
decisions. Get more than one opinion
before you decide.

Leo B. Helzel

Der wirkliche Zweck guter Planung
ist nicht, Pläne zu machen, sondern
die mentalen Modelle zu ändern, die
die Entscheidungsträger in ihren
Köpfen haben.

Arie de Geus

We distrust our heart too much, and
our head not enough.

Joseph Roux

Unsere Träume können wir erst dann
verwirklichen, wenn wir uns
entschließen, einmal daraus zu
erwachen.

Josephine Baker

Wollen lässt sich nicht lernen.

Seneca

Jeder weiß, dass es etwas gibt, was
seine Entschlüsse in Bewegung setzt;
was es ist, weiß er allerdings nicht. Er
weiß auch, dass er eine antreibende
Kraft in sich hat, welcher Art sie ist
oder woher sie kommt, weiß er
jedoch nicht.

Seneca

Man fragt den andern am meisten um
Rat, nicht weil man nicht weiß, was
man tun soll, sondern weil man es
eben weiß, aber ungern tut und vom
Ratgeber eine Hilfe für die leidende
Neigung erwartet.

Jean Paul

In Wahrheit heißt etwas wollen, ein
Experiment machen, um zu erfahren,
was wir können.

Friedrich Nietzsche

Henry L. Doherty Entscheide nicht, wo du nicht selbst entscheiden musst. Wenn einer deiner Mitarbeiter eine Frage stellt, frage ihn selbst nach der Antwort. Diese Methode entwickelt nicht nur die Fähigkeiten der Mitarbeiter; sie gibt dir auch die Möglichkeit, diese richtig zu beurteilen.

Seneca Nicht weil es schwer ist, wagen wir's nicht, sondern weil wir's nicht wagen, ist es schwer.

Karl Heinrich Waggerl Am auffälligsten unterscheiden sich die Leute darin, dass die Törichten immer wieder dieselben Fehler machen, die Gescheiten immer wieder neue.

Edward Heath Vor Fehlern ist niemand sicher. Das Kunststück besteht darin, denselben Fehler nicht zweimal zu machen.

Elbert Hubbard Der schlimmste Fehler in diesem Leben ist, ständig zu befürchten, dass man einen macht.

aus Brasilien Fremde Fehler beurteilen wir als Staatsanwälte, die eigenen als Verteidiger.

Jean Paul Die schlimmsten Fehler werden gemacht in der Absicht, einen begangenen Fehler wieder gutzumachen.

Helmar Nahr Prioritäten setzen heißt auszuwählen, was liegen bleiben soll.

Es liegt nicht genug Weisheit oder **Joseph Joubert**
Tugend in unseren Urteilen und
Gefühlen, wenn in ihnen nicht
genug Geduld liegt.

Macht

Macht ist das Gegenstück zur **Alvin Toffler**
Sehnsucht, und da es unendlich
vielerlei menschliche Sehnsüchte
gibt, ist alles, was das Sehnen eines
anderen zu erfüllen vermag, eine
potenzielle Quelle der Macht.

Wer andere besiegt, ist stark. Wer sich **Lao-tse**
selbst besiegt, hat Macht.

Jeder Mächtige hat Macht über sich **Napoleon Hill**
selbst.

Braucht ein Politiker Wählerstimmen, **Alvin Toffler**
dann haben die Wähler Macht.

Die Herrschaft über den Augenblick **Marie von Ebner-Eschenbach**
ist die Herrschaft über das Leben.

Man muss etwas sein, um etwas zu **Johann Wolfgang von Goethe**
machen.

All executive power – from the reign **William O. Douglas**
of ancient kings to the rule of modern
dictators – has the outward
appearance of efficiency.

Mit dem Einfluss ist es wie mit dem **Andrew Young**
Sparguthaben: Je weniger man davon
Gebrauch macht, desto mehr hat man.

Hermann Simon	Macht multipliziert sich durch freiwillige Abgabe derselben.
Leo B. Helzel	Power is a constantly shifting commodity in any organization. So is loyalty.
André Malraux	Mit der Macht kann man nicht flirten. Man muss sie heiraten.
Henry Brooks Adams	A friend in power is a friend lost.
François Mauriac	Auch ein einzelner Mann kann eine Großmacht sein.
John Stuart Mill	Ein Mann mit Überzeugung ist stärker als 99 mit Interessen.
Thomas Jefferson	One man with courage is a majority.
Bertrand Russell	Wer wirklich Autorität hat, wird sich nicht scheuen, Fehler zuzugeben.
aus Spanien	Jeder Fehler ist so groß wie derjenige, der ihn begeht.
Winston Churchill	Der Preis der Größe heißt Verantwortung.
Friedel Beutelrock	Macht besitzen und nicht ausüben ist wahre Größe.
Howard T. Hunter	Befehlen verlängert das Leben. Deswegen werden Generäle und Dirigenten so alt.
Samuel Johnson	Great works are performed not by strength, but perseverance.

Ausdauer übertrifft Stärke. **aus Kamerun**

I have brought myself, by long **Benjamin Disraeli**
meditation, to the conviction that a
human being with a settled purpose
must accomplish it, and that nothing
can resist a will which will stake even
existence upon its fulfillment.

Wissen ist Macht. **Francis Bacon**

Men of power have no time to read; **Isaac Foot**
yet men who do not read are unfit for
power.

Der Geist hat die Aufgabe, die Macht **Otto Flake**
zu zersetzen. Ich würde ihm die
Parole geben: Libera et divide!

Nichts in der Welt wird so gefürchtet **Albert Einstein**
wie der Einfluss von Männern, die
geistig unabhängig sind.

Man muss den Punkt kennen, bis zu **Ernst Jünger**
dem man zurückweichen kann.

Menschen, die Einfluss auf andere **Ricarda Huch**
ausüben wollen, müssen dafür
sorgen, dass sie nicht zu oft zu sehen
sind.

Also der Erwachte: Weil er nicht **Lao-tse**
scheinen will, leuchtet er. Weil er von
sich absieht, wird er beachtet. Weil er
nichts für sich will, hat er Erfolg. Weil
er nichts aus sich macht, hat er Macht.
Weil er nicht widersteht, widersteht
ihm nichts.

Alvin Toffler Wissen ist die demokratischste aller Machtquellen.

Paul Valéry Das Bewusstsein herrscht, aber es regiert nicht.

Paul Cézanne Die Bescheidenheit ist eine Eigenschaft, die vom Bewusstsein der eigenen Macht herrührt.

Roger Peyrefitte Der wirklich Mächtige trägt seine Macht unter dem Revers, nicht im Knopfloch.

Arthur F. Corey Wenn wir Macht besitzen, nennen wir sie Einfluss. Wenn sie aber ein anderer besitzt, belassen wir es bei dem hässlichen Wort Macht.

Georges Clemenceau Mächtige verstehen einander immer, mögen sie auch verfeindet sein.

Anonymus Im Schatten eines mächtigen Baumes gedeihen keine saftigen Früchte.

John Marshall The power to tax involves the power to destroy.

Charles Maurice de Talleyrand Kein Abschied auf der Welt fällt schwerer als der Abschied von der Macht.

Shimon Peres Alle Mächtigen, die ich näher beobachtet habe, sind ungeduldig und intolerant geworden, haben eitel das Maß ihrer Möglichkeit überschätzt und Prinzipien sowie Freunde selbstherrlich vergeben.

Gewalt zerbricht an sich selbst. **Lao-tse**

Im Jesuitenorden gibt es eine **Rupert Lay**
vernünftige Regelung: Keiner, der
nach Macht strebt (auch wenn sie sich
als Führungswille kaschiert), darf
Vorgesetzter werden. Dahinter steht
die jahrhundertlange Erfahrung
christlicher Orden, dass die
Pathologie des nach Macht
Strebenden ihn ungeeignet macht,
Herrschaft auszuüben.

Leute, die am höchsten stehen, **Ludwig Fulda**
müssten auch am weitesten sehen.
Wenn es in solcher Wolkensphäre nur
nicht so oft neblig wäre!

Die Manager: 20 Prozent ihrer Zeit **Götz Hohenstein**
verbringen sie mit produktiver
Arbeit, 80 Prozent verbrauchen sie
bei der Verteidigung ihrer
Schreibtischsessel.

Veränderung

The only stability is stability in **Peter F. Drucker**
motion.

It is not the strongest of the species **Charles Darwin**
that survives, nor the most intelligent,
it is the one that is most adaptable to
change.

Wer sagt, dass sich nichts ändert, hat **Hermann Simon**
Recht. Wer sagt, dass sich alles ändert,
hat auch Recht.

Seneca	Deine Einstellung musst du ändern, nicht deinen Aufenthaltsort.
William James	The greatest discovery of my generation is that human beings can alter their lives by altering their attitudes.
Leo B. Helzel	Change and pain are often synonymous. Success demands you deal with both.
Karl Marx	Die Philosophen haben die Welt nur verschieden interpretiert, es kommt aber darauf an, sie zu verändern.
Friedrich Georg Jünger	Du bleibst nur, indem du dich wandelst. Du musst dich verwandeln, um bleiben zu können.
Arthur Schopenhauer	Der Wechsel allein ist das Beständige.
Heraklit	Es gibt nichts Dauerhaftes außer dem Wandel.
Georg Christoph Lichtenberg	Es ist nicht gesagt, dass es besser wird, wenn es anders wird. Wenn es aber besser werden soll, muss es anders werden.
Norbert Wiener	Wir haben unsere Umwelt so radikal verändert, dass wir uns jetzt selber ändern müssen, um in dieser neuen Umwelt existieren zu können.
Giuseppe Tomasi di Lampedusa	Wenn wir wollen, dass alles bleibt, wie es ist, dann ist es nötig, dass sich alles verändert.

Wer nicht verändert, bleibt stehen. **Hans Urs von Balthasar**
Stillstand ist Rückschritt.

Man muss sich ändern, um derselbe **Hermann Simon**
zu bleiben.

When patterns are broken, new **Tilly Kupferberg**
worlds emerge.

Wechsel ist das Los des Lebens, und **Theodor Fontane**
es kommt ein anderer Tag.

Nichts auf dieser Welt ist beständig, **Jonathan Swift**
außer die Unbeständigkeit.

Nach der Reform ist vor der Reform. **Detlef Müller-Böling**

We must be the change we wish to see **Mahatma Gandhi**
in the world.

Some men see the present and say **George Bernard Shaw**
»Why?«. I dream of things that never
were and say »Why not?«

Kontinuität des **Hermann Simon**
Unternehmenserfolges erfordert
Veränderungsmanagement.

Siemens feierte 1997 seinen 150. **Hermann Simon**
Geburtstag. Hat sich die Firma in
diesen 150 Jahren geändert? Meines
Erachtens kaum!

In doubt do nothing. **aus England**

Das Aufschieben wichtiger Geschäfte **Georg Christoph Lichtenberg**
ist eine der gefährlichsten
Krankheiten der Seele.

Alphonse de Lamartine	Das Zaudern, das in ruhigen Zeiten nützlich ist, bringt Männern in unruhigen Zeiten den Untergang.
Emanuel Geibel	Die Zeit zum Handeln jedes Mal verpassen, nennt ihr »die Dinge sich entwickeln lassen«.
David Lloyd-George	Don't be scared to take big steps – you can't cross a chasm in two small jumps.
Hermann Simon	Es ist weitaus leichter über Veränderung zu reden und zu schreiben, als sie zu bewirken.
Jack Welch	Die Veränderung hat keine Anhänger. Die Menschen hängen am Status quo. Man muss auf massiven Widerstand vorbereitet sein.
Anonymus	Veränderungen werden von 20 Prozent der Belegschaft vorangetrieben, die anderen 80 Prozent sind damit beschäftigt, die Veränderung zu verhindern.
Rolf Berth	Die gewaltige Mehrheit von 84 Prozent hasst die Veränderung.
Robert F. Kennedy	Progress is a nice word. But change is its motivator, and change has its enemies.
Jack Welch	Gradueller Wandel funktioniert bei großem Änderungsbedarf nicht. Wenn Änderungen nicht groß genug sind, unterliegt man der Bürokratie.

Don't allow those who are opposed to change to appropriate basic issues.

Amerikanische Maxime

Evolution proceeds at the boundary between chaos and order. If there is too much order, the system becomes frozen and cannot change. But if there is too much chaos, the system retains no memory of what went on before.

Stuart Kauffmann

Der Widerstand gegen Veränderung wächst mit dem Wohlstand.

Hermann Simon

Es gehört oft mehr Mut dazu, seine Meinung zu ändern, als ihr treu zu bleiben.

Friedrich Hebbel

Das Wesentliche an der Existenz des Menschen ist seine Fähigkeit, sich nicht anzupassen.

Karl Heinrich Waggerl

Die Natur des Geistes ist so geartet, dass uns der Wechsel meist mehr Erholung schafft als die Ruhe.

Ernst von Feuchtersleben

Die Pflanze in uns ist's, die mit unsäglichem Grauen und Staunen das Mysterium der Ortsveränderung jedes Mal durchmacht wie einen Tod.

Hugo von Hofmannsthal

Jeder Mensch unter dreißig, der einige Kenntnis der bestehenden Gesellschaftsordnung besitzt und keinen Drang zur Veränderung hat, ist minderwertig.

George Bernard Shaw

Every generation needs a new revolution.

Thomas Jefferson

Klaus Kernig	Als Konsumenten greifen die Menschen neue Techniken begierig auf, am Arbeitsplatz kämpfen sie dagegen.
Johannes Scherr	Die Rebellen von heute sind die Despoten von morgen.
José Ortega y Gasset	Revolution ist nicht Barrikade; Revolution ist ein Geisteszustand.
Heimito von Doderer	Jede Revolution ist viel weniger Bauplatz der Zukunft als Auktion der Vergangenheit.
Margaret Mead	Never doubt the power of a small group of committed individuals to change the world. Indeed it is the only thing that ever does.
Niccolò Machiavelli	Nichts ist schwieriger in die Hand zu nehmen, gefahrvoller in der Durchführung oder ungewisser im Erfolg, als bei einer Neuordnung der bestehenden Verhältnisse die Führung zu übernehmen.
Hermann Simon	Es gibt keine Revolutionen.
Alberto Moravia	Die Studenten sind die Fieberthermometer der Gesellschaft.
John Steinbeck	It is the nature of man as he grows older to protest against change, particulary change for the better.
Warren Bennis	Plan for change from a solid conceptual base.

Viele, die ihrer Zeit vorausgeeilt waren, mussten auf sie in sehr unbequemen Unterkünften warten.

Stanislaw Lec

Die eifrigsten Reformer haben lernen müssen, dass sie sich jeglicher Macht berauben, wenn sie den schwerfälligen Massen zu weit voraneilen.

Thomas Woodrow Wilson

Wer einsieht, dass er seine Wirklichkeit selbst konstruiert, der ist wirklich frei. Er weiß, dass er seine Wirklichkeit jederzeit ändern kann.

Paul Watzlawick

Veränderungen müssen von der Unternehmensspitze nicht nur angestoßen werden, sie müssen dort auch beginnen.

William Wiggenhorn

Change is most succesful when those who are affected are involved in the planning. Nothing makes people resist new ideas or approaches more adamantly than their belief that change is being imposed on them.

Warren Bennis

Es ist nahezu unmöglich, jemandem, der zu schnell, zu langsam oder zu leise spricht, dies abzugewöhnen – egal wie intelligent er ist.

Hermann Simon

Jemandem das Lesen beizubringen (selbst das einer Zeitung) ist genauso schwer, wie jemandem das Rauchen abzugewöhnen.

Hermann Simon

Gegen den Wind muss man kreuzen.

Hans Kasper

Johann Heinrich Pestalozzi	Ihr müsst die Menschen lieben, wenn ihr sie ändern wollt.
Barry Stevens	One way to change people is to see them differently.
Koichi Hori	Changing the psychology of your people requires the longest lead-time of any strategic change.
Dean Ornish	It's easier for people to make big changes than small ones.
Jacob M. Brande	Consider how hard it is to change yourself and you'll understand what little chance you have of trying to change others.
Emil Gött	Man kann erst steuern, wenn man Fahrt hat.
Jack Welch	My biggest mistake by far was not moving faster.
Karl Lagerfeld	Es ist besser, ein Teil des Wandels zu sein, als stillzustehen und einer Sache nachzutrauern.
Georg Christoph Lichtenberg	Ich kann freilich nicht sagen, ob es besser werden wird, wenn es anders wird; aber so viel kann ich sagen, es muss anders werden, wenn es gut werden soll.
Jack Welch	Anytime there is change there is opportunity. So it is paramount that an organization gets energized rather than paralyzed.

Umsetzung

Es ist nicht genug zu wissen, man muss auch anwenden, es ist nicht genug zu wollen, man muss auch tun.

Johann Wolfgang von Goethe

Verstand besteht nicht nur im Wissen, sondern auch in der Fähigkeit, das Wissen in der Tat anzuwenden.

Aristoteles

Das große Ziel der Bildung ist nicht Wissen, sondern Handeln.

Herbert Spencer

Wir behalten von unseren Studien am Ende doch nur das, was wir praktisch anwenden.

Johann Wolfgang von Goethe

Nicht das Wissen ist die Hauptsache, sondern die Ausübung.

aus dem Talmud

Der Mensch ist zum Handeln, nicht zum Grübeln geboren.

Jean-Jacques Rousseau

Wir sind Kinder unserer Taten.

Franz Grillparzer

Our deeds determine us, as much as we determine our deeds.

George Eliot

Wenn deine Taten für dich sprechen, unterbrich sie nicht.

Henry J. Kaiser

Die stärkste Einwirkung geht nicht von dem aus, was ein Mensch redet, sondern von dem, was er selbst ist und tut.

Romano Guardini

Nur das Denken, das wir leben, hat einen Wert.

Hermann Hesse

Erich Kästner	Es gibt nichts Gutes, außer man tut es.
Perikles	Wir Athener betrachten Beratungen nicht als Hindernisse auf dem Wege des Handelns, sondern wir halten sie für notwendige Voraussetzungen weisen Handelns.
Dante Alighieri	Der eine wartet, dass die Zeit sich wandelt, der andere packt sie an und handelt.
Marie von Ebner-Eschenbach	Alberne Leute sagen Dummheiten, gescheite Leute machen sie.
Henry Ward Beecher	The ability to convert visions to things is the secret of success.
Friedrich Hebbel	Nicht was der Mensch ist, nur was er tut, ist sein unverlierbares Eigentum.
Chinesische Weisheit	Zu wissen, wie man etwas macht, ist nicht schwer. Schwer ist nur, es zu machen.
Alfred North Whitehead	Ideen halten sich nicht. Es muss etwas mit ihnen getan werden.
Hermann Hesse	Wenn man etwas für recht hält, muss man es auch tun.
Amerikanische Maxime	The key to happiness is having dreams. The key to success is making dreams come true.
Voltaire	Wir sind nicht nur verantwortlich für das, was wir tun, sondern auch für das, was wir nicht tun.

No new truth is ever really learned
until it is acted upon.

John Powell

Um sich selbst zu erkennen, muss
man handeln.

Albert Camus

Ohne Tat ist das Wissen wie ohne
Honig die Biene.

Johann Gottfried Herder

Ich stochere nicht herum, ich ziehe
durch.

Fünfjähriger Billardspieler

Ein kühnes Beginnen ist halbes
Gewinnen.

Heinrich Heine

Mein bei weitem größter Fehler war,
nicht schneller vorzugehen. Ich hätte
alles in der halben Zeit verändern
sollen. Im Rückblick war ich zu
ängstlich. Ich wollte zu viele
Anhänger an Bord haben.

Jack Welch

Der Weise tut das rechtzeitig, was der
Dumme im letzten Augenblick tut.

Heiner Lippuner

The man who says »It cannot be
done« should not interrupt who is
doing it.

aus Amerika

Der Mensch urteilt von dem andern
auf die Dauer noch immer aus
Handlungen. Schöne Worte und
Höflichkeit tun ihre Wirkung
hauptsächlich für den Moment.

Wilhelm Heine

Gibt es einen Unterschied zwischen
Theorie und Praxis? Es gibt ihn. In
der Tat.

Werner Mitsch

Lothar Schmidt	Worte versprechen, Taten entscheiden.
aus dem Lateinischen	Suaviter in modo, fortiter in re. (Sei mild in der Art, stark in der Sache.)
Marie von Ebner-Eschenbach	Für das Können gibt es nur einen Beweis, das Tun.
Japanische Weisheit	Die Tat spricht lauter als der Mund.
Sprüche Salomons	Wer viel redet und nicht hält, der ist wie Wolken und Wind ohne Regen.
Griechisches Sprichwort	Taten sind Früchte, Worte nur Blätter.
aus Italien	Zwischen Reden und Tun liegt das Meer.
Arnold Glasow	Die Welt erwartet Ergebnisse. Sprich nicht über deine Bemühungen. Zeige ihnen das Baby.
aus Mexiko	Der gute Vorsatz ist ein Gaul, der oft gesattelt, aber selten geritten wird.
aus Norwegen	Nichts auf der Welt ist so weit wie der Weg vom guten Vorsatz zur guten Tat.
A. A. Milne	The average man is always waiting for something to happen to him instead of setting to work to make things happen.
Friedrich Nietzsche	Ein Deutscher ist großer Dinge fähig, aber es ist unwahrscheinlich, dass er sie tut.

Das Umsetzungsproblem besteht meist nicht darin, dass man nicht weiß, was man tun müsste, sondern dass man es nicht tut. **Hermann Simon**

What people say you cannot do, you try and find that you can. **Henry David Thoreau**

He who can, does. He who cannot, teaches. **George Bernard Shaw**

What one postpones, one actually abandons. **Peter F. Drucker**

Gut ist der Vorsatz, aber die Erfüllung schwer. **Johann Wolfgang von Goethe**

Müde macht uns die Arbeit, die wir liegen lassen, nicht die, die wir tun. **Marie von Ebner-Eschenbach**

Es wird immer schwerer, etwas zu tun, und immer leichter, etwas zu verhindern. **Manfred Rommel**

Das zukünftige Gehirn wird ein auf die Zukunft, auf das Handeln gerichtetes Gehirn sein. **Detlef B. Linke**

Nimm dir Zeit zum Nachdenken, aber wenn die Zeit zum Handeln gekommen ist, dann höre auf nachzudenken und handle. **Napoleon Bonaparte**

Think twice. Act once. **Leo B. Helzel**

Alles, von dem sich der Mensch eine Vorstellung machen kann, ist machbar. **Wernher von Braun**

Victor Hugo	Den Menschen fehlt nicht die Kraft. Es fehlt ihnen der Wille.
Napoleon Bonaparte	A man will fight harder for his interests than his rights.
Seneca	Nicht wollen ist der Grund, nicht können nur der Vorwand.
Michael Le Boeuf	Wie viele Geschichten von Erfolgen haben sie schon gehört, die nie zustande kamen, weil der Erzähler an der Entschuldigungskrankheit litt.
Peter F. Drucker	Was alle erfolgreichen Menschen miteinander verbindet, ist die Fähigkeit, den Graben zwischen Entschluss und Ausführung äußerst schmal zu halten.
Ralph Waldo Emerson	That which we persist in doing becomes easier – not that the nature of the task has changed, but our ability to do has increased.
Ramon Alvarez	We got so enamored of the process and the final book that we forgot about execution.
Karl Kraus	Man glaubt gar nicht, wie schwer es oft ist, eine Tat in einen Gedanken umzusetzen.
Peter Littmann	Wenn man Dummheiten macht, müssen sie wenigstens gelingen.
Klaus Grohmann	Sie können machen, was Sie wollen, aber machen Sie bitte das Richtige.

Sie sind schon auf dem richtigen
Weg, aber in die falsche Richtung.

Peter Draheim

Wer etwas bei sich selbst
durchzusetzen versteht, der versteht
auch, es bei anderen durchzusetzen.

Konfuzius

Die besten Reformer, die die Welt
gesehen hat, sind die, die bei sich
selbst anfangen.

George Bernard Shaw

Die Kraft für die Durchführung
meiner Expeditionen kommt durch
die Begeisterung für die Idee und
deren Umsetzung.

Reinhold Messner

Wer Großes schaffen will, der muss
darauf verzichten können, es selbst
noch genießen zu wollen.

Friedrich der Große

Auch wenn du tausend Meilen reist,
musst du mit dem ersten Schritt
beginnen.

Chinesische Weisheit

Das Geheimnis auch der großen und
umwälzenden Aktionen besteht
darin, den kleinen Schritt heraus-
zufinden, der zugleich auch ein
strategischer Schritt ist, indem er
weitere Schritte einer besseren
Wirklichkeit nach sich zieht.

Gustav Heinemann

Bei jeder Arbeit ist es vor allem
wichtig, dass man zuerst einmal
einfach irgendwie anfängt. Dann
kommt die Sache in Fluss.

Carl Hilty

Implementation starts day one.

Robert H. Waterman

Hermann Simon   Taktik ist die Opposition der Umsetzer gegen die Herrschaft der Strategen.

Jack Welch   Man muss erst hart sein, um dann weich sein zu können.

Konrad Lorenz   Gesagt ist nicht gehört. Gehört ist nicht verstanden. Verstanden ist nicht einverstanden. Einverstanden ist nicht eingehalten.

David H. Maister   The single biggest barrier to implementing strategy is courage.

Alfred Brittain   You can come up with the best strategy in the world – the implementation is 90 percent of it.

George S. Patton   A good plan violently executed now is better than a perfect plan executed next week.

Kern der Sache

Der Kern der Sache liegt in den Persönlichkeiten. Als ich mich mit den Erfolgen der »Hidden Champions«, wenig bekannter mittelständischer Weltmarktführer, auseinander setzte, stieß ich als letzte Ursache auf die Personen an der Spitze dieser Unternehmen. Begegnete man diese Leuten auf der Straße, sie würden kaum auffallen. Sie waren so verschieden wie die Menschen im Allgemeinen. Einige sind sehr extrovertiert, ausgezeichnete Rhetoriker und große Kommunikatoren; andere hingegen erweisen sich als introvertiert, ja menschenscheu. Dennoch haben alle diese Persönlichkeiten ungeheure Erfolge zustande gebracht.

Was also ist Persönlichkeit? Im lateinischen Wortstamm bedeutet persona Charakter, Rolle, aber auch »Maske des Schauspielers«. Viele unserer Weisheiten sprechen diesen Aspekt an, dringen hinter die Fassade und bis zum Kern vor. Persönlichkeit ist Substanz, Unabhängigkeit vom Beifall anderer, Überzeugung, Größe. Angesichts dieser hohen Maßstäbe verwundert es nicht, dass echte Persönlichkeiten selten sind. Fragt man sich, wie vielen und welchen Persönlichkeiten in diesem Sinne man begegnet ist, wer einen tief beeindruckt hat, so bleiben nur wenige übrig – nur einige unter Tausenden, wie Elias Canetti meint. Und vielleicht überstehen selbst diese die kritische Prüfung nur deshalb, weil wir ihnen nicht genügend nahe gekommen oder ihnen nicht oft genug begegnet sind. Zu großen Persönlichkeiten und Führern gehört auch die Mystifikation. Wenn Sterne zu nahe kommen, sind sie schon im Fallen.

Persönlichkeit wird man nur, indem man bei sich selbst beginnt. Der moderne Jargon spricht von Selbstmanagement oder Führung der eigenen Person. Auf diesem Gebiet treffen wir auf eine opulente Ernte geistreicher Ratschläge. Auch hier heißt es, sich auf den eigenen Kern zu besinnen. Doch der lässt sich so einfach nicht erkunden. Was wäre schwerer als wahre Selbsterkenntnis? Wenn die eigene Person betroffen ist, dann steht es um Klugheit und Kritikfähigkeit nicht allzu gut. Willkommen sind allerdings die vielen Ratschläge, die von der Setzung ambitionierter Ziele über das Selbstvertrauen bis hin zur Fähigkeit zur Selbstironie reichen. Schwierig ist, wie immer, nur deren Realisierung. Selbst bei evidenten Empfehlungen wie etwa denjenigen Schopenhauers zur Gesundheit klappt das in aller Regel nur unvollkommen. Niemand wird bestreiten, dass die Gesundheit das wichtigste Gut ist. Doch wer schädigt sie nicht ständig in seinem alltäglichen Leben durch Stress, zu viele Kalorien, Rauchen, Alkohol etc.? Um unser Selbstmanagement scheint es nicht allzu gut bestellt. Der Ratschlag »Fühle dich unsicher« ist angebracht.

Wieso trauen wir uns zu, andere zu führen, wenn wir uns selbst nicht führen können? Fällt letzteres uns gar leichter? Das könnte durchaus sein, zumal wir nicht wissen, was Führung ist. Läuft der Führer hinter den Geführten her, so Lao-tse, oder geht er ihnen voran? Selbst die Experten zum Thema Führung, wie etwa Henry Mintzberg oder Warren Bennis, sprechen von einem mysteriösen Phänomen oder einem »x-Faktor«, der sich nicht vollständig ergründen lässt. Erkennen, erahnen die Führer unsere geheimen Wünsche? Wirken Führung und Gefolgschaft mehr über das Herz als über den Kopf? Und bedeutet dies alles, dass Führungsfähigkeit nicht erlernt werden kann, sondern angeboren ist? Ich neige dazu, diese Fragen zu bejahen.

Moderne Führung geschieht nicht über Zwang, sondern über Kommunikation. Die Fähigkeit, effektiv zu kommunizieren, war nie wichtiger als heute. Die Macht des Wortes ist schon aus der Bibel bestens bekannt. Doch Klarheit und Einfachheit von Kommunikation lassen auch in unseren Tagen zu wünschen übrig. Gerade im deutschen Bildungssystem wird, anders als beispielsweise in den USA, dem Erlernen kommunikativer Fähigkeiten geringes Gewicht zugemessen. Ich empfehle deshalb die diesbezüglichen Weisheiten ganz besonders. Sie enthalten alles Wesentliche, was man über Kommunikation und – modern ausgedrückt – Wissensmanagement wissen sollte. Und wem es an diesbezüglicher Motivation fehlt, der erinnere sich des Satzes von Benjamin Disraeli: »With words we govern men«.

Persönlichkeit

Man mag drei- oder viertausend Menschen gekannt haben, man spricht aber nur von sechs oder sieben.

Elias Canetti

Die moralischen Qualitäten der führenden Persönlichkeiten sind für eine Generation und für den Lauf der Geschichte vielleicht von noch größerer Bedeutung als rein intellektuelle Leistungen.

Albert Einstein

It is personalities, not principles that move the age.

Oscar Wilde

Persönlichkeit hat nur der, der einer Sache dient.

Max Weber

Becoming a person means that the individual moves toward being, knowingly and acceptingly, the process which he inwardly and actually is. He moves away from being what he is not from a facade. He is not trying to be more than he is, with the attendant feelings of insecurity or bombastic defensiveness. He is not trying to be less than he is, with attendant feelings of guilt or self depreciation. He is increasingly listening to the deepest recesses of his psychological and emotional being, and finds himself increasingly willing to be, with greater accuracy and depth that self that he most purely is.

Carl Rogers

Friedrich Nietzsche Damit ein Ereignis Größe habe, muss zweierlei zusammenkommen: Der große Sinn derer, die es vollbringen, und der Sinn derer, die es erleben.

Georg Christoph Lichtenberg Es müssen und können nur wenige sein, wenn etwas Großes ausgeführt werden soll, die Übrigen, die Menge muss allemal herübergebracht werden, man mag nun das Überzeugung oder Verfügung nennen.

Joseph Joubert Nur der Überzeugte überzeugt.

Otto von Bismarck Einen wirklich großen Mann erkennt man an drei Dingen: Großzügigkeit im Entwurf, Menschlichkeit in der Ausführung und Mäßigkeit beim Erfolg.

Ricarda Huch Für seine Handlungen sich allein verantwortlich fühlen und allein ihre Folgen, auch die schwersten, tragen, das macht die Persönlichkeit aus.

Friedrich von Schiller Der Starke ist am mächtigsten allein.

Henrik Ibsen The strongest man in the world is he who stands most alone.

Ludwig Reiners Es gibt ein sicheres Mittel, um große Männer von Scheingrößen zu unterscheiden: Alle großen Männer haben Humor.

Johann Wolfgang von Goethe Alles, was uns imponieren soll, muss Charakter haben.

Alle großen Männer sind bescheiden. **Gotthold Ephraim Lessing**

Wenn Männer von erprobter Weisheit **Johann Peter Hebel**
je einmal etwas Unüberlegtes sagen
oder tun, so ist man desto geneigter
zu glauben, dass es mit einer
geheimen, von der Menge nicht
ergründeten Planmäßigkeit
geschehen ist.

Originalität muss man haben, nicht **Friedrich Hebbel**
danach streben.

Reif ist, wer auf sich selbst nicht **Heimito von Doderer**
mehr hereinfällt.

Souveränität ist durchlittener **Hans Arndt**
Abstand.

Persönlichkeit ist, was übrigbleibt, **Wolfgang Herbst**
wenn man Ämter, Orden und Titel
von einer Person abzieht.

Zu einem großen Mann gehört **Gotthold Ephraim Lessing**
beides: Kleinigkeiten als Kleinig-
keiten und wichtige Dinge als
wichtige Dinge zu behandeln.

Ein Mensch ist so groß wie das **Napoleon Hill**
Ausmaß seines Denkens.

Few men have virtue to withstand the **George Washington**
highest bidder.

Wir warten unser ganzes Leben lang **Hans Urs von Balthasar**
auf den außergewöhnlichen
Menschen, statt die gewöhnlichen um
uns her in solche zu verwandeln.

Anonymus Der kleine Geist bedenkt erst, was ihn hindern kann, Und furchtsam wagt er nicht ans Werk zu gehen. Die Macht des eignen Zweifels raubt ihm dann Das Licht, das hehre Ziel nochmals zu sehen. Doch wahrhaft groß im Tun wird der genannt, Der niemals seinen Blick vom Ganzen wendet. Der im zu Schaffenden die Kräfte fand, Auf sich vertrauend so vollendet.

Theodor Gottlieb von Hippel Man ehrt den Mann, der nach Grundsätzen handelt, allein man liebt ihn nicht.

Martin Buber In jedermann ist etwas Kostbares, das in keinem anderen ist.

Karl Julius Weber Unser Ich gleicht den Flüssen, die ihren Namen beibehalten und stets anderes Wasser rollen.

Johann Wolfgang von Goethe Wir haben alle etwas von elektrischen und magnetischen Kräften in uns und üben, wie der Magnet selber, eine anziehende und abstoßende Gewalt aus.

Georg Christoph Lichtenberg Gelegenheit macht nicht Diebe allein, sie macht auch große Männer.

Richard Schaukal Wer etwas ist, hat alle gegen sich, die etwas werden wollen.

Grundsätze muss man so hoch halten, **Michael Horlacher**
dass man unter Umständen auch
einmal drunter durchkriechen kann.

It is easy to have principles when you **Ray A. Kroc**
are rich. The important thing is to
have principles when you are poor.

Einfachheit ist das Resultat der Reife. **Friedrich von Schiller**

Es wimmelt von Leuten, die die **Hermann Simon**
Komplexität komplex sehen.
Mangelware sind diejenigen, die in
der Komplexität die zwei oder drei
wirklich wichtigen Punkte erkennen.

Charakter ist die Fähigkeit, sich **Anonymus**
selbst im Wege zu stehen.

Niemand, der sein inneres **Jonathan Swift**
Bewusstsein aufrichtig fragt, wird
seine Rolle auf der Welt wiederholen
wollen.

Wer niemals bereit ist, unter **C. C. McIntosh**
Umständen auch eine größere
Aufgabe zu übernehmen, als er zu
erfüllen vermag, wird niemals alles
leisten, wozu er fähig ist.

Wer sich zu groß fühlt, um kleine **Jacques Tati**
Aufgaben zu erfüllen, ist zu klein, um
mit großen Aufgaben betraut zu
werden.

Erstklassige ertragen Erstklassige, **Ernst Martin**
Zweitklassige ertragen nur
Drittklassige.

William Somerset Maugham	Nur ein mittelmäßiger Mensch ist immer in Hochform.
Marie von Ebner-Eschenbach	Der Mittelmäßige fühlt sich dem Ausgezeichneten gegenüber immer im Zustande der Notwehr.
Marie von Ebner-Eschenbach	Die Willenskraft der Schwachen heißt Eigensinn.
Arthur Schopenhauer	Aller Eigensinn beruht darauf, dass der Wille sich an die Stelle der Erkenntnis gedrängt hat.
D. B. Wallace – H. E. Gruber	For many creative people the life is the work.
Salvadore Dalí	Der Unterschied zwischen mir und einem Verrückten ist der, dass ich nicht verrückt bin.
Pablo Picasso	Man braucht sehr lange, um jung zu werden.
Joseph Wechsberg	Leute, die ihren Beruf lieben, machen eine ständige Verjüngungskur durch.
Napoleon Hill	Wo es hart wird durchzuhalten, halten die Harten durch.
Amerikanisches Sprichwort	Anyone can hold the helm when the sea is calm.
Konfuzius	Der Edle kümmert sich nicht darum, wenn ihm die Anerkennung vorenthalten wird; denn er ist damit beschäftigt, Dinge zu tun, die Anerkennung verdienen.

One machine can do the work of fifty ordinary men. No machine can do the work of one extraordinary man.

Elbert Hubbard

Wer glaubt, etwas zu sein, hat aufgehört, etwas zu werden.

Spruch der Jesuiten

In der großen Welt gefällt nichts so sehr wie die Gleichgültigkeit dagegen, ob man ihr gefällt.

Marie von Ebner-Eschenbach

Persönlichkeit ist Unabhängigkeit vom Applaus der Menge.

Hermann Simon

Selbst der bescheidenste Mensch hält mehr von sich, als sein bester Freund von ihm hält.

Marie von Ebner-Eschenbach

Wir sind so eitel, dass uns sogar an der Meinung der Leute, an denen uns nichts liegt, etwas gelegen ist.

Marie von Ebner-Eschenbach

Die gesündesten und schönsten, regelmäßigst gebauten Leute sind die, die sich alles gefallen lassen. Sobald einer ein Gebrechen hat, so hat er seine eigene Meinung.

Georg Christoph Lichtenberg

Er hatte gar keinen Charakter, sondern wenn er einen haben wollte, so musste er immer erst einen annehmen.

Georg Christoph Lichtenberg

Was gefällt uns am besten an einem Menschen? Dass wir ihm gefallen.

Paul Ree

Jedenfalls ist es besser, ein eckiges Etwas zu sein als ein rundes Nichts.

Friedrich Hebbel

Konrad Adenauer Machen Sie sich erst einmal unbeliebt, dann werden Sie auch ernst genommen.

Jean Rostand Arroganz ist das Selbstbewusstsein des Minderwertigkeitskomplexes.

Philip Dormer Stanhope Traue niemandem in Angelegenheiten, die seine Leidenschaft sind.

Richard Münch Jede große Persönlichkeit, die in der Öffentlichkeit besonderes Gehör findet und Stimmungen beeinflussen kann, lebt auch von der Mystifikation, die sie umgibt.

Anonymus Alle großen Persönlichkeiten, die politisch erfolgreich waren, hatten nur eine Idee im Kopf, die sie zudem auf einen Slogan reduzierten.

Oscar Wilde Alle anziehenden Leute sind immer im Kern verdorben. Darin liegt das Geheimnis ihrer sympathischen Kraft.

Marie von Ebner-Eschenbach Die Wortkargen imponieren immer. Man glaubt schwer, dass jemand kein anderes Geheimnis zu bewahren hat als das seiner Unbedeutendheit.

Christian Morgenstern Beim Menschen ist kein Ding unmöglich, im Schlimmen wie im Guten.

Anonymus Wichtigtuer sind Leute, die nie etwas Wichtiges tun.

The single-minded ones are the only true achievers. They carry out a ›mission‹. Whenever anything is being accomplished, it is being done by a monomaniac with a mission.

Peter F. Drucker

Ein Opportunist ist ein Mann, der, wenn er in warmes Wasser fällt, beschließt, ein Bad zu nehmen.

aus den USA

Fühlst du dich von jemandem beleidigt, so stellst du dich geistig unter ihn.

Chinesische Weisheit

Charakter besteht darin, seine Seele so hoch zu erheben, dass sie von Beleidigungen nicht mehr erreicht wird.

René Descartes

Jeder muss den Mut seiner Meinung haben.

Alexander von Humboldt

Steigerung des Luxus: eigenes Auto, eigene Villa, eigene Meinung.

Wieslaw Brudzinski

Es gibt Menschen, die sich immer angegriffen fühlen, wenn jemand eine Meinung ausspricht.

Christian Morgenstern

Unter den Menschen gibt es viel mehr Kopien als Originale.

Pablo Picasso

Um ein tadelloses Mitglied einer Schafherde sein zu können, muss man vor allem ein Schaf sein.

Albert Einstein

Die Menschen werden als Originale geboren und sterben als Kopien.

Anatole France

Alfred Sloan Never let a man nominate his successor; then you get a carbon copy and they are always weak.

Richard Schaukal Grundsätze hat jedermann dort, wo er Herr ist.

Mark Twain Alles, was man im Leben braucht, sind Ignoranz und Selbstvertrauen.

Hans Kasper Nonkonformismus ist die maulende Abhängigkeit von den herrschenden Thesen.

Paul B. Coffman The exceptional executive, like a truly great artist, is born, not made.

Warren Bennis Leaders are made, usually self-made. But it is very helpful to have had a strong, determined set of parents.

Hermann Simon Ein auffällig guter Manager ist oft mehr auffällig als gut.

Hermann Simon Manager, die behaupten, sie seien die uneingeschränkten Herren in der Firma, lügen auch bei anderer Gelegenheit.

Johannes Gross Leuten, die vieles nicht essen können, vieles nicht vertragen, muss man entschlossen aus dem Weg gehen.

Erich Brock Menschen, die nicht groß sind, machen sich gerne breit.

Friedrich Hebbel Mit wem das Pferd nie durchgeht, der reitet einen hölzernen Gaul.

Wer glaubt, über der Situation zu
stehen, steht in Wirklichkeit oft nur
daneben.

Friedel Beutelrock

Aufs hohe Ross setzen sich meistens
diejenigen, die nicht reiten können.

Erich Brock

Wie gewöhnlich ein Mensch wird,
wenn man ihn öfters sieht! Als hätte
er es darauf angelegt, sich für eine zu
hohe Vorstellung, die man von ihm
hat, zu rächen.

Elias Canetti

Niemand ist so uninteressant wie ein
Mensch ohne Interesse.

John Mason Brown

Selbstmanagement

Sei, was du scheinen willst!

Sokrates

Achievement is largely the product
of steadily raising one's level of
aspiration and expectation.

Jack Nicklaus

It is a funny thing about life; if you
refuse to accept anything but the best,
you very often get it.

William Somerset Maugham

Live beyond your means; then you're
forced to work hard, you have to
succeed.

Edward G. Robinson

Keep away from people who try to
belittle your ambitions. Small people
always do that, but the really great
make you feel that you, too, can
become great.

Mark Twain

Theognis Nur von den Besten erlernst du das Beste; verkehrst du mit Schlechten, dann ist bald auch dahin, was du besaßest an Vernunft.

Anonymus If you put a small value upon yourself, rest assured that the world will not raise the price.

Warren Buffett The first rule is not to lose. The second rule is not to forget the first.

Konfuzius Was der Überlegene sucht, findet sich in ihm selbst. Was der Unterlegene sucht, findet sich in anderen.

Johann Gottlieb Fichte Alle Kraft des Menschen wird erworben durch Kampf mit sich selbst und Überwindung seiner selbst.

Leo Tolstoi Schnitze das Leben aus dem Holz, das du hast.

Ralph Waldo Emerson Mache das Beste aus dir, denn das ist alles, was du hast.

Robert Krausz The man who masters himself, masters the universe.

Seneca Wenn du bedenkst, wie viele dir voraus sind, so denke daran, wie viele dir folgen.

Thomas Jefferson Nothing gives one person so much advantage over another as to remain always cool and unruffled under all circumstances.

Suche nicht andere, sondern dich
selbst zu übertreffen.

Cicero

The person who defines is always in
charge.

Ivan Wolffers

Wähle einen Beruf, den du liebst, und
du brauchst niemals in deinem Leben
zu arbeiten.

Konfuzius

Always do one thing less than you
think you can do.

Bernard M. Baruch

Nobody on his deathbed ever looked
back on his life and said, »I wish I'd
spent more time at the office«.

International Herald Tribune

Das Einzige, was noch schwieriger ist,
als ein geordnetes Leben zu führen:
Es anderen nicht aufzuzwingen.

Marcel Proust

Eine der schlimmsten Erfahrungen
des reiferen Alters ist die, dass man
niemanden vorwärtsbringen kann,
außer sich selbst.

Hugo von Hofmannsthal

He is not laughed at that laughs at
himself first.

Thomas Fuller

Bescheidenheit ist eine Eigenschaft,
für die der Mensch bewundert wird,
falls die Leute je von ihm hören
sollten.

Edgar Watson Howe

If you are quiet and inconspicuous,
others will not be able to figure you
out. If you are accurate and orderly,
others will not be able to disturb you.

Anonymus

Charles Baudelaire	Vollkommene Aufrichtigkeit ist der Weg zur Originalität.
William Somerset Maugham	Aufrichtigkeit ist wahrscheinlich die verwegenste Form der Tapferkeit.
Romain Rolland	Man soll die Wahrheit mehr als sich selbst lieben, aber seine Nächsten mehr lieben als die Wahrheit.
Baruch de Spinoza	Die Selbstzufriedenheit ist wahrhaft das Höchste, was man erhoffen kann.
Johann Wolfgang von Goethe	Man gewinnt immer, wenn man erfährt, was andere von uns denken.
Herbert Swope	I cannot give you a formula for success but I can give you a formula for failure: try to please everybody.
Karl Kraus	Frage deinen Nächsten nur über Dinge, die du selbst besser weißt. Dann könnte sein Rat wertvoll sein.
Karl Rahner	Der, der ich bin, grüßt trauernd den, der ich sein möchte.
Arthur Schopenhauer	Um durch die Welt zu kommen, ist es zweckmäßig, einen großen Vorrat von Vorsicht und Nachsicht mitzunehmen.
David Hume	Die Gewohnheit, alle Dinge von der Lichtseite zu betrachten, ist mehr wert als materieller Wohlstand.
Marie von Ebner-Eschenbach	So weit deine Selbstbeherrschung geht, so weit geht deine Freiheit.

Freiheit ist nicht, das zu tun, was man liebt, sondern das zu lieben, was man tut.

Japanische Weisheit

Tue, was du fürchtest, und die Furcht wird dir fremd.

Dale Carnegie

Was man nicht gerne tut, das sollte man zuerst tun.

Hermann Simon

Wer sich gar zu leicht bereit findet, seine Fehler einzusehen, ist selten der Besserung fähig.

Marie von Ebner-Eschenbach

Women are expected to do twice as much as men in half the time and for no credit. Fortunately, this isn't difficult.

Charlotte Whitton

Man kann nur leben, indem man oft genug nicht macht, was man sich vornimmt.

Elias Canetti

Es ist gefährlich, anderen etwas vorzumachen; denn es endet damit, dass man sich selbst etwas vormacht.

Eleonora Duse

Die wenigsten Menschen mit negativen Sprechgewohnheiten nehmen diese bei sich selbst wahr.

Hermann Simon

Der Mensch verträgt eher Kritik an dem, was er meisterlich beherrscht, als an dem, was er mangelhaft leistet.

Wolf Schirrmacher

Die meisten Menschen wollen lieber durch Lob ruiniert als durch Kritik gerettet werden.

aus den USA

Anonymus	Die kleinste Stelle, die du ganz ausfüllst, ist ein Ehrenplatz. Die größte, die du nicht ausfüllst, ein Pranger.
Richard Branson	I am not one to waste energy and time having arguments.
Muhammad Ali	To be a great champion you must believe that you're the best. If you're not, pretend you are.
Seneca	Zwei Dinge verleihen der Seele am meisten Kraft: Vertrauen auf die Wahrheit und Vertrauen auf sich selbst.
Evelyn Waugh	Der Mensch ist verarmt, denn er hat verlernt, sich zu wundern.
Walt Kelly	We have met the enemy – and he is us.
Thomas Buxton	In die Faulheit wächst man hinein. Sie bindet am Anfang mit Spinnweben und fesselt am Ende mit Ketten. Je mehr ein Mensch zu tun hat, umso mehr kann er leisten.
Anonymus	He who knows nothing is confident of everything.
Reinhold Messner	Wer mit sich selber nicht zurechtkommt, ist anderen nicht zumutbar.
Anonymus	Am meisten fühlt man sich von Wahrheiten getroffen, die man sich selbst verheimlichen wollte.

Nur die Oberflächlichen kennen sich selbst. **Oscar Wilde**

Wenige sind es, die ihr Leben mit Vernunft lenken. Die Übrigen gleichen Schwimmern in einem Fluss: Sie bestimmen ihren Kurs nicht, sie lassen sich treiben. **Seneca**

Du fragst, warum dir deine Flucht nichts hilft? Du nimmst dich selber mit. **Seneca**

Der Fehler liegt nicht in den Dingen, sondern in uns selbst. **Seneca**

Nirgends ist, wer überall ist. **Seneca**

Gleichgewicht halten ist die erfolgreichste Bewegung des Lebens. **Friedel Beutelrock**

Wer immer auf sein Recht pocht, bekommt wunde Finger. **Volker Schlöndorff**

»Es kommt, wie es kommen muss«, ist die Ausrede aller Faulpelze. **Wilhelm Raabe**

It is not the number of hours that you work but the pressure under which you spend the hours that make the problem. It is far better to work ten hours a day without time urgency than eight hours a day with it. **Meyer Friedman**

Einer fragt: »Was kommt danach?« Der andere fragt nur: »Ist es recht?« Und also unterscheidet sich der Freie von dem Knecht. **Theodor Storm**

Richard Schaukal   Alles selbst machen zu wollen, ist das Kennzeichen des Unbegabten.

Hermann Simon   Wenn es um die eigene Person geht, sinkt der IQ um 50 Prozent.

Josef Schmidt   Operative Hektik ist ein Zeichen geistiger Windstille.

Demokrit   Es werden mehr Menschen durch Übung tüchtig als durch Naturanlage.

Jean de la Bruyère   Am sichersten macht man Karriere, wenn man anderen den Eindruck vermittelt, es sei für sie von Nutzen, einem zu helfen.

Marcel Mart   Lebenskunst ist die Fähigkeit, mit dem Stress fertig zu werden.

Arthur Schopenhauer   Wenigstens 9/10 unseres Glücks beruhen allein auf der Gesundheit. Hieraus folgt, dass es die größte aller Torheiten ist, seine Gesundheit zum Opfer zu bringen für was es auch sei, für Erwerb, für Gelehrsamkeit, für Ruhm, für Beförderung. Vielmehr soll man alles und jedes stets ihr nachsetzen.

Josef Neckermann   Wer Sport betrieben hat, tut sich auch im Leben wesentlich leichter.

Spanisches Sprichwort   Der Mensch, der zu beschäftigt ist, sich um seine Gesundheit zu kümmern, ist wie ein Handwerker, der keine Zeit hat, seine Werkzeuge zu pflegen.

Early to rise and early to bed makes a
man healthy and wealthy and dead.

James Thurber

Always spend good money on your
shoes and your bed. Because if you're
not in one you're in the other.

Britische Armee-Regel

Der beste Schutz gegen die
Managerkrankheit ist eine gute
Sekretärin.

Ferdinand Sauerbruch

Entfernen Sie überflüssige Stühle
und Annehmlichkeiten aus Ihrem
Arbeitsbereich.

Michael Le Boeuf

Schließen Sie die Tür, wenn Ihre
Arbeit Alleinsein erfordert. Offene
Türen laden die Leute, die in den
Gängen herumlungern, ein,
hineinzukommen und es sich
gemütlich zu machen.

Michael Le Boeuf

Wenn jemand Sie sprechen will,
gehen Sie in sein Büro, um das
betreffende Gespräch zu führen.
So haben Sie die Besuchszeit
in der Hand.

Michael Le Boeuf

Vor der Entschuldigung »Ich habe
nicht die Zeit, krank zu sein« hat jede
Krankheit tiefe Achtung. Nur da
macht sie Wohnung, wo sie mit aller
Bequemlichkeit auf- und
angenommen, wo sie gehegt und
gepflegt wird.

Theodor Gottlieb von Hippel

Führung und Führerschaft

Lao-tse Wer Menschen führen will, muss hinter ihnen gehen.

Henry Mintzberg Es ist eine Ironie, dass Manager und Wissenschaftler praktisch noch nichts über das Wesen der Führung wissen, also darüber, warum manche Menschen folgen und andere führen. Führung bleibt ein mysteriöses Phänomen.

Warren Bennis The more we lack leadership, the more we hunger for it.

Joel A. Barker A leader is a person you will follow to a place you wouldn't go by yourself.

Hermann Simon Führen heißt, andere zu etwas zu bringen, das sie alleine nicht schaffen.

Warren Bennis But there's more – an x-factor that's quintessential. The leader knows what we want and what we need before we do and expresses these unspoken dreams for us in everything he or she says and does.

Ernst Wiechert Nur wer die Herzen bewegt, bewegt die Welt.

Warren Bennis The core competency of leadership is character.

Warren Bennis You manage things but you lead people.

Was fragst du, verdammt dich, stets   **Heinrich von Kleist**
mit den Dienern zu hadern? Freund,
sie verstehen den Dienst, aber nicht
du den Befehl.

Das Management ist die   **Robert McNamara**
schöpferischste aller Künste, es ist die
Kunst, Talente richtig einzusetzen.

The basic task of management is to   **Peter F. Drucker**
make people productive.

Business management is not a   **Charles I. Gragg**
technical but a human matter. It turns
upon an understanding of how
people will respond to specific
business actions, and the behaviour
of such groups always is changing
rapidly or slowly.

Charismatic leadership consists of the   **The Wall Street Journal**
ability to inspire subordinates to
perform above their own expectations.
Happily, part of the dynamic is a
belief that the boss is an ethical
person.

Leadership is an art, something to be   **Max de Pree**
learned over time, not simply by
reading books. Leadership is more
tribal than scientific, more weaving of
relationships than an amassing of
information.

Wer Menschen führen will, muss ein   **Eric Hoffer**
Praktiker und ein Realist sein. Aber
er muss die Sprache sprechen des
Idealisten und des Sehens.

Tacitus	Vernunft und Urteilsfähigkeit sind die Qualitäten eines Führers.
Ludwig Marcuse	Ein Führer entsteht nur, wenn eine Gefolgschaft bereits da ist.
Lao-tse	Das ist der beste Führer, dessen Leute sagen, wenn er sie ans Ziel geführt hat: »Wir selbst haben den Erfolg zustande gebracht.«
Lothar Schmidt	Politischer Führer ist oft einer, der sich nicht sicher ist, ob er seine Anhängerschaft führt oder ob sie ihn jagt.
Wilhelm Heinse	Aller Herrschaft Druck ist schwer; man muss den Menschen immer freiwillig handeln zu lassen scheinen.
Friedrich von Schiller	Es ist nicht wohlgetan, zum Führer den Verzweifelnden zu wählen.
Rosabeth M. Kanter	Is it coincidental that students of history often become leaders?
Helmut Schmidt	Wer erwartet, dass andere ihm auf seinem Weg folgen, muss bereit sein, die Führung zu übernehmen.
Armand Hammer	I am first and foremost a catalyst. I bring people and situations together.
Thomas Ellwein	Führen heißt wissen, was man will.
Hermann Simon	Führung heißt, andere groß zu machen, nicht andere klein zu machen.

Wie will jemand andere führen, wenn er sich selbst nicht führen kann?	**Hermann Simon**
No man is fit to command another that cannot command himself.	**William Penn**
Wer führen will, darf nicht die Stimmen zählen.	**Hermann Simon**
Management ist nichts anderes als die Kunst, andere Menschen zu motivieren.	**Lee Iacocca**
Never tell people how to do things. Tell them what to do and they will surprise you with their ingenuity.	**George S. Patton**
Lead, follow, or get out of the way.	**Ted Turner**
The speed of the leader determines the rate of the pack.	**Amerikanische Maxime**
Nur wer Verantwortung hat, kann unverantwortlich handeln.	**Hans Jonas**
Führung ist Vorbild in Handlung und Haltung.	**Peter Zürn**
Vor-Bild sein heißt in erster Linie vorleiden können.	**Hans Kudszus**
Wenige Dinge auf Erden sind lästiger als die stumme Mahnung, die von einem guten Beispiel ausgeht.	**Mark Twain**
Niemand, der an der Spitze der Geschäfte steht, wünscht immer deutlich zu sein.	**Thomas B. Macaulay**

Leo B. Helzel A leader communicates the vision and the means to attain the goal.

Warren Bennis People in authority must be educators.

Christian Morgenstern Ein Hauptzug aller Pädagogik: unbemerkt führen.

Robert G. Ingersoll The most valuable executive is the one who is training somebody to be a better man than he is.

Anonymus Leadership is calmness under stress.

Günter Vollrath Wer in bedrängter Lage aus der Rolle fällt, dem war sie sicherlich nicht auf den Leib geschrieben.

Türkisches Sprichwort Zwei Kapitäne bringen ein Schiff zum Sinken.

Peter F. Drucker Die fundamentale Managementaufgabe ist, Menschen in die Lage zu versetzen, als Gruppe Leistungen zu erbringen, indem man ihnen gemeinsame Ziele und Werte, Organisationsstrukturen sowie kontinuierliche Lern- und Entwicklungsmöglichkeiten gibt.

Andrew Grove Keeping the generals and the troops marching in the same direction requires constant cajoling and quarreling up and down the ranks, over everything from capital allocation to marketing campaigns to geographic priorities.

Bei ruhigem Wetter kann jeder leicht Steuermann sein.

Chinesische Weisheit

Den guten Steuermann lernt man erst im Sturme kennen.

Seneca

In jeder guten Firma muss es die Möglichkeit geben, alternative Standpunkte zu beziehen. Wenn dann eine Lösung gefunden ist und eine Planung festgelegt wurde, dann haben alle – selbstverständlich auch diejenigen, die vorher eine andere Auffassung vertreten haben – den gemeinsamen Beschluss nicht nur zu akzeptieren und umzusetzen, sondern sich auch völlig damit zu identifizieren.

Wolfgang Reitzle

A committee is a group of the unprepared, appointed by the unwilling, to do the unnecessary.

Fred Allen

Senatores boni viri, senatus bestia. (Die Senatoren sind gute Männer, der Senat ist eine Bestie).

aus dem Lateinischen

Vertrauen ist gut, Kontrolle ist besser.

Vladimir I. Lenin

Beides ist falsch: allen zu trauen und keinem zu trauen. Aber der eine Fehler ist doch sozusagen der ehrenwertere, wenn auch der andere mehr Sicherheit bietet.

Seneca

Halte es mit jedermann freundlich, vertraue aber unter Tausenden kaum einem.

Buch Jesus Sirach

Wilhelm Busch Zu viel und zu wenig Vertrauen sind Nachbarskinder.

John Buchan The task of leadership is not to put greatness into humanity, but to elicit it, for the greatness is already there.

Amerikanische Maxime Leaders are like eagles, they don't flock, you find them one at a time.

John D. Rockefeller Ich arbeite nach dem Prinzip, dass man niemals etwas tun soll, was ein anderer für einen erledigen kann.

B.C. Forbes Aufgaben delegieren heißt: Nicht mehr Personen und Tätigkeiten überwachen, sondern nur noch Ergebnisse.

Henry Mintzberg Someone, only half in jest, once described the manager as that person who sees visitors so that everyone else can get his work done.

Theodore Roosevelt Der beste Führer ist derjenige, der sich mit sicherem Instinkt gute Leute aussucht, die tun, was er getan haben möchte, und genügend Selbst- beherrschung besitzt, sich nicht einzumischen, solange sie es tun.

Anonymus Was muss der Chef entdecken? Latente Talente.

Robert McNamara Das Management ist die schöpferischste aller Künste. Es ist die Kunst, Talente richtig einzusetzen.

Führer sind einsam. **Hermann Simon**

Führungsnachwuchs bekommt man **Hans Merkle**
nicht in neun Monaten.

Der Arbeiter soll seine Pflicht tun, **Marie von Ebner-Eschenbach**
der Arbeitgeber soll mehr tun als
seine Pflicht.

Top-Manager finden den Job an **Hermann Simon**
der Spitze keineswegs besonders
attraktiv, aber die Jobs unten gefallen
ihnen noch weniger.

Wenn man systematisch acht Stunden **Robert Frost**
täglich arbeitet, kann man es dazu
bringen, Chef zu werden, um
vierzehn Stunden täglich zu arbeiten.

Die Leute in der Chefetage sind nicht **Handelsblatt**
mit dem Aufzug dorthin gekommen.

Frage eines Seminarteilnehmers: Wie **Herbert Grünewald**
wird man Aufsichtsratsvorsitzender?
Antwort: Der einfachste Weg ist,
zunächst Vorstandsvorsitzender zu
werden.

Es fällt schwerer, die Führung **Hermann Simon**
abzugeben als zu übernehmen.

Wer sich der Konkurrenz der Besten **Eberhard von Perfall**
stellt, braucht lern- und veränderungs-
bereite Führungskräfte.

Je schneller die Management- **Hermann Simon**
Rotation, desto kurzatmiger die
Strategie.

George Bowles Manche Manager handeln in ihren Betrieben nach dem Herodes-Prinzip: den am besten geeigneten Nachfolger suchen und hinauswerfen.

The Wall Street Journal Indeed, some 10 percent of all bankruptcies of small businesses are the result of insufficient preparation for dealing with the task of the owner and transferring ownership to a new manager.

Bernd Pischetsrieder Die Kunst des Managements besteht darin, mit weniger Wissen, als es die Mitarbeiter haben, diese zu führen.

R. J. Boyle The hard thing about becoming a participative manager is the occasional need to sacrifice the best solution to sustain employee involvement.

Kurt Tucholsky Wenn man einen Menschen richtig beurteilen will, so frage man sich immer: »Möchtest du den zum Vorgesetzten haben?«

Thomas Niederreuther Eine gute Herde wird nicht von einem Hammel geführt, sondern von einem Hirten.

Anonymus Ein Chef ist ein Mensch wie alle anderen. Er weiß es nur nicht.

Jim Treybig Die meisten Unternehmen leiden unter einem Zuviel an Management. Die Menschen brauchen weniger Vorschriften, als wir glauben.

Man kann es als eine Ironie ansehen,
dass die führenden Männer der
Industrie relativ wenig von den
technischen Vorgängen der Produktion
verstehen und hauptsächlich für die
Manipulation und Koordinierung von
Menschen bezahlt werden. Sie
können deshalb fast nach Belieben
von einer Industrie zur anderen
wechseln.

Hans Kilian

Unternehmensführung braucht
immer zwei Komponenten: Ordnung,
Disziplin einerseits und Phantasie,
Kreativität, Chaos andererseits.

Hermann Simon

Gutes Management ist die
Gratwanderung, bei der sich Chaos
und Ordnung die Waage halten.

Hermann Simon

Schlimmste Disziplinlosigkeit ist,
wenn man einen Vorgesetzten wegen
autoritärer Führung kritisiert, obwohl
er es strengstens verboten hat.

Gabriel Laub

Die Kunst, mit den Menschen nicht
umzugehen, könnte auch noch
geschrieben werden.

Emil Gött

Die Reform beginnt an der Spitze.
Die Treppe muss von oben gekehrt
werden.

Hermann Simon

In tausend Sklaven stecken 999
Sklavenhalter.

Emil Gött

Nothing will improve a person's
hearing more than sincere praise.

Harvey Mackay

Hugo von Hofmannsthal Menschen führen einander durch ihre Seelen wie Potemkin die Kaiserin Katharina durch Taurien.

Samuel Smiles Der große Führer zieht Männer verwandten Charakters an, wie der Magnet das Eisen.

Lao-tse Wo das Vertrauen fehlt, spricht der Verdacht.

Moritz Doering Durch der Führer Unverstand / Liefen oft, gleich wie ein Schiff / Scheiternd am Korallenriff, ganze Staaten auf den Sand.

Kommunikation und Zusammenarbeit

Evangelium Johannes 1,1 Am Anfang war das Wort, und das Wort war bei Gott, und Gott war das Wort.

Eberhard von Perfall Rede über das, was du tust.

Charles Cooley All leadership takes place through the communication of ideas to the minds of others.

Karl Kraus Wer etwas zu sagen hat, der trete vor und schweige.

Robert Benchley Drawing on my first command of language, I said nothing.

George Herbert Good words are worth much and cost little.

Die einzige Möglichkeit, die
Menschen zu motivieren, ist die
Kommunikation.

Lee Iacocca

Once somebody asked me to identify
the single most useful management
technique that I learned through my
years of managing. My answer was:
the practice of regularly scheduled
one-to-one meetings.

Andrew Grove

Wir sind in der Lage, Tausende von
Kilometern per Datenautobahn,
Satellit etc. zu überwinden, nicht aber
den Flur zu unseren Kollegen,
Mitarbeitern und Vorgesetzten.

Michael Laker

It is easy to write a letter to 5000
people. To sit down to talk for hours
and talk and listen to their problems
and fears is more difficult.

Percy Barnevik

It is common to see supervisors trying
to give all their employees high
ratings so that they can buy employee
cooperation and »look good« as
managers.

Rosabeth M. Kanter

Wo Informationen fehlen, wachsen
die Gerüchte.

Alberto Moravia

Wer will, dass ihm die anderen sagen,
was sie wissen, der muss ihnen sagen,
was er selbst weiß. Das beste Mittel,
Informationen zu erhalten, ist,
Informationen zu geben.

Niccolò Machiavelli

Schreiben heißt leben für mich.

Gabriel García Márquez

Heinrich Heine Ein Hund, dem man einen Maulkorb anlegt, bellt mit dem Hintern.

Max de Pree The best way to communicate the basics of a corporation's common bonds and values is through behavior.

Theodore Levitt An effective manager develops the ability to hear what others are not saying.

Richard Nixon About the time you are writing a line you have written so often that you want to throw up, that is the time the American people will hear it.

aus Liberia Wer zuhört, versteht.

Platon Lerne zuhören, und du wirst auch von denjenigen Nutzen ziehen, die dummes Zeug reden.

Leo Burnett I listen to everybody and take notes. Particularly salesmen. They get close to people.

Anonymus A good listener is not only popular everywhere, but after a while he gets to know something.

Hermann Simon E-Mail und Internet sorgen dafür, dass sich die Leute beschäftigt halten.

Giosuè Carducci Wer mit 20 Wörtern sagt, was man auch mit 10 Wörtern sagen kann, der ist auch zu allen anderen Schlechtigkeiten fähig.

Maybe if we did a better job of listening, history wouldn't have to repeat itself.

Anonymus

Die Sprache ist kein Mittel des Geistes, sie ist Geist. Wer sie als Mittel handhabt, ist geistlos.

Friedrich Georg Jünger

Niemand hat mehr Geist, als er Sprache hat.

Friedrich Georg Jünger

With words we govern men.

Benjamin Disraeli

Der verbreitetste Glaube ist das Wort.

Richard Schaukal

Our words have wings, but fly not where we would.

George Eliot

Man is a creature who lives not upon bread alone, but principally by catchwords.

Robert Louis Stevenson

Stets ist die Sprache kecker als die Tat.

Friedrich von Schiller

Die meisten reden origineller als sie schreiben.

Jean Paul

Klarheit ist die Höflichkeit des Schriftstellers.

Jules Renard

Klarheit ist so sicher eines der Attribute der Wahrheit, dass sie oft selbst für die Wahrheit gehalten wird.

Joseph Joubert

Unter Stil verstehe ich die Fähigkeit, komplizierte Dinge einfach zu sagen – nicht umgekehrt.

Jean Cocteau

Jean Paul	Sprachkürze gibt Denkweite.
Franz-Josef Strauß	Man muss einfach reden, aber kompliziert denken – nicht umgekehrt.
Karl Valentin	Es ist schon alles gesagt worden, nur noch nicht von allen.
Ludwig Wittgenstein	Was sich sagen lässt, lässt sich klar sagen. Worüber man nicht reden kann, darüber soll man schweigen.
Dwight D. Eisenhower	Was nicht auf einer einzigen Manuskriptseite zusammengefasst werden kann, ist weder durchdacht noch entscheidungsreif.
Joseph Pulitzer	Was immer du schreibst – schreibe kurz, und sie werden es lesen, schreibe klar, und sie werden es verstehen, schreibe bildhaft, und sie werden es im Gedächtnis behalten.
Kurt Tucholsky	Hauptsätze. Hauptsätze. Hauptsätze. Klare Disposition im Kopf – möglichst wenig auf dem Papier. Tatsachen oder Appell an das Gefühl. Schleuder oder Harfe. Ein Redner sei kein Lexikon. Das haben die Leute zu Hause. Der Klang einer einzelnen Sprechstimme ermüdet. Sprich nie länger als vierzig Minuten. Suche keine Effekte zu erzielen, die nicht in deinem Wesen liegen. Ein Podium ist eine unbarmherzige Sache – da steht der Mensch nackter als im Sonnenbad.

Die simple Schreibart ist schon deshalb zu empfehlen, weil kein rechtschaffener Mann an seinen Ausdrücken künstelt und klügelt.

Georg Christoph Lichtenberg

Eine gute Rede soll das Thema erschöpfen, nicht die Zuhörer.

Winston Churchill

Leserlichkeit ist die Höflichkeit der Handschrift.

Friedrich Dürrenmatt

Bei der Vorstellung geben sich viele Leute große Mühe, ihren Namen unverständlich auszusprechen. Wozu?

Hermann Simon

So erhielt ich viele Weihnachtskarten mit völlig unleserlichen Unterschriften. Was mir die unbekannten Absender da wohl kommunizieren wollten?

Hermann Simon

Es gibt Leute, die selbst dann, wenn sie Recht haben, ihre Sache so verzwickt und so peinlich vorbringen, als hätten sie Unrecht.

Werner Bukofzer

Die zwei Weisesten der Menschen, Sokrates und Christus, schrieben keine Zeile.

Karl Julius Weber

Im Anfang war das Wort, aber vor dem Wort war das Schweigen.

Siegfried von Vegesack

Ein weiser Mann schweigt, bis er seine Zeit ersieht.

Buch Jesus Sirach

In sieben Sprachen schweigen.

Helmuth von Moltke

Athenäum-Fragmente	Es ist weit schwerer, andere zu veranlassen, dass sie gut reden, als selbst gut zu reden.
Pythagoras	Man soll schweigen oder Dinge sagen, die noch besser sind als das Schweigen.
Heinrich Böll	Schweigen ist ein Argument, das kaum zu widerlegen ist.
Ivern Ball	»Know thyself« is good advice. »Keep it to thyself« is even better.
Robert Benchley	Drawing on my fine command of language, I said nothing.
Friedrich von Schiller	Brechen Sie dies rätselhafte Schweigen!
Jean de La Fontaine	People who make no noise are dangerous.
Martin Tupper	Well-timed silence has more eloquent than speech.
Robert Louis Stevenson	Behalte deine Ängste für dich, aber teile deinen Mut mit anderen.
Friedrich Nietzsche	Viel von sich reden kann auch ein Mittel sein, sich zu verbergen.
Ludwig Reiners	Lehrsätze reden, Beispiele sprechen.
Balthasar Gracián	Ein guter Rat in spaßiger Form ist oft besser als ernste Belehrung.
Pindar	Das Wort lebt länger als die Tat.

Worte sind Luft. Aber die Luft wird zum Wind, und der Wind macht die Schiffe segeln.

Arthur Koestler

Für gewöhnlich stehen nicht die Worte in der Gewalt der Menschen, sondern die Menschen in der Gewalt der Worte.

Hugo von Hofmannsthal

In der Sprache, die man am schlechtesten spricht, kann man am wenigsten lügen.

Friedrich Hebbel

Worte, diese furchtbaren geheimen Oberen der Welt, regieren im Verborgenen.

Ludwig Börne

Du bist Herr deiner Worte, aber einmal ausgesprochen, beherrschen sie dich.

aus Schottland

Das menschliche Gehirn ist eine großartige Sache: Es funktioniert vom Augenblick der Geburt an – bis zu dem Moment, in dem man aufsteht, eine Rede zu halten.

Mark Twain

Ein Mann – kein Wort!

Emil Gött

A little inaccuracy sometimes saves tons of explanation.

Hector Hugh Munro

Most poetry is pretentious nonsense.

Andrew A. Rooney

Wenn ich was immer für ein Wort oft nacheinander ausspreche, kommt es mir zuletzt sehr lächerlich und unbezeichnend vor.

Franz Grillparzer

Leo B. Helzel	Confide secrets only when you want them leaked.
Gilbert Keith Chesterton	Die Leute streiten, weil sie nicht gelernt haben zu argumentieren.
aus Italien	Traditore tradutore. (Der Übersetzer ist ein Täuscher.)
aus England	Der Abwesende hat immer Unrecht.
Richard Schaukal	Wenn die Menschen sich nicht aushalten, unterhalten sie sich miteinander.
Jean Paul	Es gibt Menschen, denen jedes Lob Tadel ist, das nicht das größte ist.
Friedrich Nietzsche	Man widerspricht oft einer Meinung, während uns eigentlich nur der Ton missfällt, in dem sie vorgetragen wurde.
Friedrich Georg Jünger	Ein Mensch, der argumentiert, hat nichts Nobles.
F. Scott Fitzgerald	In Konferenzen werden keine guten Ideen geboren. Aber viele schlechte sterben.
André Maurois	Das schwierigste am Diskutieren ist nicht, den eigenen Standpunkt zu verteidigen, sondern ihn zu kennen.
Elias Canetti	Die wahren Geschichten, die man erzählt, sind falsch; für die falschen besteht wenigstens die Chance, dass sie wahr werden könnten.

Die Zahl der Gäste bei einem Essen
sollte nicht größer sein als die der
Musen (neun) und nicht kleiner als
die der Grazien (drei).

Plutarch

Wo nur Standesgenossen
zusammenkommen, da wird immer
sehr bald die Langeweile präsidieren
und die Dummheit das Protokoll
führen.

Ludwig Börne

Gute Verhandlungstaktik besteht
darin, die Antworten zu provozieren,
die man haben will.

Hans Habe

Bei schwierigen Verhandlungen
sollte man möglichst zu zweit sein.
Wenn der eine weich wird, leistet der
andere noch Widerstand.

Hermann Simon

Fürst Metternich hatte mehr Geist als
Talleyrand, weil er ihn weniger
zeigte.

Anonymus

Formel für gute Teamarbeit: 1 + 1 = 3.

Siegfried Vögele

Zustandekommen ist ein Beginn,
Zusammenbleiben ist ein Fortschritt,
Zusammenarbeiten ist ein Erfolg.

Henry Ford

Es ist erstaunlich, wie wenig die
Menschen einander verstehen, aber
noch viel erstaunlicher, wie wenig es
darauf ankommt.

Hans Krailsheimer

Wahre Mitteilung findet nur unter
Gleichgesinnten, Gleichdenkenden
statt.

Novalis

Anonymus   Wer immer Recht hat, wird sehr einsam.

Antoine de Saint-Exupéry   Man sieht nur mit dem Herzen gut: Das Wesentliche ist für die Augen unsichtbar.

Ralph Waldo Emerson   Verstanden zu werden ist ein Luxus.

Leo Burnett   Our business is ideas. They grow and flourish best in an atmosphere of congenial collaboration.

Warren Bennis   When the copier breaks down, everything breaks down.

Harvey Mackay   Show me a good phone receptionist and I'll show you a good company.

Bruce Pfau   In most admired companies, key priorities are teamwork, customer focus, fair treatment of employees, initiative, and innovation. In average companies the top priorities are minimizing risk, respecting the chain of command, supporting the boss, and making budget.

Jack Welch   Communication must be simple.

Werbung der Bild Zeitung   Wer etwas Wichtiges zu sagen hat, macht keine langen Sätze.

Politische Dimension

Politische Führung und Unternehmensführung haben viele Gemeinsamkeiten. Auf Überschneidungen deuten allein schon Verknüpfungen wie Politikmanagement oder Unternehmenspolitik hin. Beide Bereiche könnten viel voneinander lernen. Allerdings bewegt sich gerade in Deutschland – anders als in den USA – der Austausch von Führungskräften zwischen Wirtschaft und Politik auf einem niedrigen Niveau. Falls ein solcher Austausch überhaupt stattfindet, muss man zudem feststellen, dass die jeweiligen Adepten auf dem neuen Gebiet nicht besonders erfolgreich sind. Gegenseitiges Unverständnis grassiert.

Ein moderner Aspekt von Management nähert sich der Politik sehr eng an. Ich meine den Umgang mit Kapitalmarkt und Aktionären. Die Werbekampagnen im Zusammenhang mit so genannten feindlichen Übernahmen (ein berühmtes Beispiel war Vodafone – Mannesmann) unterscheiden sich kaum noch von einem politischen Wahlkampf. In beiden Fällen werben die Protagonisten um Stimmen, seien sie von Wählern oder von Aktionären. Im Zeitalter der Globalisierung müssen Manager zunehmend in politischen Dimensionen denken. War es ein Zufall, dass der obsiegende Vodafone Airtouch-Chef Chris Gent ein früherer Politiker ist?

Ein besonderes Spannungsverhältnis zwischen Politik und Wirtschaft zeigt John Maynard Keynes auf. Ihm zufolge besteht das Problem der Politik darin, drei Dinge unter einen Hut zu bringen: ökonomische Effizienz, soziale Gerechtigkeit und individuelle Freiheit. Wie jedermann weiß, verträgt sich insbesondere die soziale Gerechtigkeit schlecht mit den beiden anderen. Das bestätigt auch der amerikanische Historiker Will Durant. Er hält die Inkompatibilität dieser beiden Ziele für die wichtigste Lektion der Geschichte. Wir können folglich sicher sein, dass der Kampf zwischen rechts und links weitergehen wird, denn er ist nichts anderes als eine Widerspiegelung dieser fundamentalen Unverträglichkeit.

Politik und immer stärker auch Management spielen sich im Raum der öffentlichen Meinung ab. Public Relations, Pressearbeit, das Spiel mit der Öffentlichkeit werden wichtiger. Doch das beinhaltet auch Gefahren. Selten, so erfahren wir aus vielen berufenen

Mündern, ist eine Meinung deshalb richtig, weil sie von der Mehrheit oder der Masse getragen wird. Seneca, Gracián und andere warnen vor dem Drang, allen gefallen zu wollen. Marie von Ebner-Eschenbach tituliert die öffentliche Meinung gar als die »Dirne unter den Meinungen«. Der Drang nach dem Kollektiv, nach übertriebener Popularität fördere eher die Mittelmäßigkeit als den hohen Anspruch.

Denken entlang der Freund-Feind-Linie gibt es in Politik und Management. Doch aus den Zitaten lernen wir, dass eine derartige Schwarz-Weiß-Malerei der Realität nicht gerecht wird. Der scheinbare Feind oder Gegner kann auch Freund sein, denn er spornt zu höheren Leistungen an, befördert die Kreativität, bildet einen Teil von uns selbst. Erst recht gilt dies im wirtschaftlichen Wettbewerb. Immer wieder habe ich festgestellt, dass sich die besten Firmen einer Branche ständig in einem engen leistungssteigernden Wettbewerb mit ihren Konkurrenten messen. Oft befinden sich die führenden Wettbewerber an einem Ort oder in einer Region. Ein ähnliches Phänomen beobachten wir beim Sport. Ich erlebte 1998 in Köln einen Weltrekordlauf über 3000 Meter Hindernis, vier Läufer blieben unter dem alten Rekord, alle Kenianer, insgesamt waren in diesem Lauf zwölf Kenianer am Start. Es bedarf keiner Begründung, dass nur solch intensive Gegnerschaft Weltklasse erzeugt. Das Beispiel kann man direkt auf deutsche Luxusautomobile oder amerikanische Internetfirmen übertragen. Die Mechanismen der Leistungssteigerung sind die gleichen. So werden Feinde zu Freunden.

Ähnlich wirkt die Globalisierung, ein Phänomen mit eminent politischen Konsequenzen. Sie macht aus einstigen Gegnern Partner. Zwar von Interessengruppen bekämpft, aber letztlich unaufhaltsam wird sie wie ein anderer Faktor zum Weltfrieden und -wohlstand beitragen. Eine Stärke der Globalisierung liegt darin, dass es ihr egal ist, ob man sie mag oder nicht. Sie kommt einfach. Sie wird die Weltdemokratie bringen. Welch edleres Ziel könnte die Politik verfolgen?

Politik und Politiker

Die vollkommenste politische Gemeinschaft ist die, in der eine Mittelklasse herrscht, die den beiden anderen Klassen zahlenmäßig überlegen ist.

Aristoteles

Das Wesen der Staatstätigkeit ist, Menschen durch Gewaltanwendung oder Gewaltandrohung zu zwingen, sich anders zu verhalten, als sie sich aus freiem Antriebe verhalten würden.

Ludwig von Mises

Regieren besteht im Festsetzen von Prioritäten.

Harold Wilson

Welche Regierung die beste sei? Diejenige, die uns lehrt, uns selbst zu regieren.

Johann Wolfgang von Goethe

Die Demokratie ist ein Verfahren, das garantiert, dass wir nicht besser regiert werden, als wir es verdienen.

George Bernard Shaw

Die Demokratie ist in Wirklichkeit nicht mehr als die Aristokratie der Redner.

Thomas Hobbes

Die Strafe für die weisen Leute, die sich weigern, politisch aktiv zu werden, besteht darin, dass sie unter der Regierung der weniger weisen Leute leben müssen.

Platon

Politik ist kein Abfahrtslauf, sondern ein Slalom.

Michel Rocard

Joseph Stalin	In Deutschland kann es keine Revolution geben, weil man dazu den Rasen betreten müsste.
Hermann Hesse	Heute liegt die politische Vernunft nicht mehr dort, wo die politische Macht liegt. Es muss ein Zustrom von Intelligenz und Intuition aus nicht offiziellen Kreisen stattfinden, wenn Katastrophen gemildert werden sollen.
Jean-Jacques Rousseau	Erobern ist leichter als regieren.
Carl von Clausewitz	Der Krieg ist eine bloße Fortsetzung der Politik mit anderen Mitteln.
Oswald Spengler	Frieden ist die Fortsetzung des Krieges mit anderen Mitteln.
André Malraux	Verständliche Sprache bei einem Politiker zeugt von gutem Gewissen.
Rudolf Augstein	Was mich an unserem politischen Betrieb in der Bundesrepublik am meisten niederdrückt, ist die Verarmung der Sprache.
Lothar Schmidt	Die größte Kunst des Politikers besteht darin, seine Anhänger zufrieden zu stellen, ohne ihnen zu geben, was sie wollen.
Will Durant	History's most important lesson is the reciprocity of freedom and equality. As freedom increases equality decreases, and as equality increases, so then does freedom decrease.

Unter Politik verstehen manche Leute
die Kunst, Brände zu löschen, die sie
selbst gelegt haben.

Lawrence Durrell

The political problem of mankind is
to combine three things: economic
efficiency, social justice, and
individual liberty.

John Maynard Keynes

Politiker wollen immer beliebt sein:
Schade, dass die Wahrheit nicht
immer beliebt ist.

Lothar Schmidt

Wer Berlin zur neuen Hauptstadt
macht, schafft geistig ein neues
Preußen.

Konrad Adenauer

In freien Staaten kann jeder seine
Meinung sagen, und jeder andere ist
befugt, nicht zuzuhören.

J. Norman Collie

Unkraut ist die Opposition der Natur
gegen die Regierung der Gärtner.

Oskar Kokoschka

Opposition ist die Rolle, in der
eine Partei diejenigen Probleme
anprangert, die sie in ihrer
Regierungszeit nicht gelöst hat.

Lothar Schmidt

Die Familie ist ein steuerlich
begünstigter Kleinbetrieb zur
Fertigung von Steuerzahlern.

Friedrich Schlegel

It is the growth of total government
spending as a percentage of gross
national product – not the way it is
financed – that crowds out the private
sector.

Paul Craig Roberts

Harry S. Truman	I sit here all day trying to persuade people to do the things they ought to have sense enough to do without my persuading them.
Bernard Berenson	Governments last as long as the under-taxed can defend themselves against the over-taxed.
Lothar Späth	Die Politiker in Deutschland stehen zur Zeit in einem großen Verdrängungswettbewerb. Allerdings nicht untereinander – sie verdrängen gemeinsam die Realität.
Jean-Jacques Rousseau	Der Einzelwille strebt von Natur nach Auszeichnung und der Gemeinwille nach Gleichheit.
Franz Grillparzer	Der Staat ist eine Anstalt zum Schutz, nicht zur Versorgung. Helfen sollen die Einzelnen.
Ignazio Silone	Der Bürger des Wohlfahrtsstaates sehnt sich, wenn er satt ist, nicht nach der Moral, sondern nach der Siesta.
Karl R. Popper	Es scheint besser, das Leid der Menschen zu minimieren, als das Glück zu maximieren.
Johannes Gross	Der Staat soll Armut verhindern, aber nicht Reichtum. Die Projekte der Sozialbeglücker bewirken das Gegenteil.
Lothar Schmidt	Die Linke will mehr Rechte, die Rechte weniger Linke.

The real point of the redistributionist rhetoric is not transferring income from rich to poor but transferring income from tax payers to politicians.

The Wall Street Journal

There is one central problem which lies at the heart of the welfare state. No one has solved it, yet all advanced countries face it. It is this: Anything you do to relieve distress will instigate more of the behavior which caused the distress. By relieving distress we make it more tolerable and we make it less necessary to avoid the condition.

Madson Pirie

Der Sozialismus ist eine Reaktion gegen das Individuell werden.

Friedrich Nietzsche

Es gibt zwei Wege für den politischen Aufstieg: Entweder man passt sich an, oder man legt sich quer.

Konrad Adenauer

The best minds are not in government. If any were, business would hire them away.

Ronald Reagan

Hohe Ämter scheinen einmal nicht für Philosophen gemacht, und auf Thronen waren Genies meist ein Unglück.

Karl Julius Weber

Neigung zum Erhalten und Geschicklichkeit zum Verbessern sind die beiden Elemente, deren Vereinigung in meinen Augen den Charakter des großen Staatsmannes bildet.

Edmund Burke

Polnisches Sprichwort	Im Kapitalismus beutet der Mensch den Menschen aus, im Sozialismus ist es umgekehrt.
Otto von Bismarck	Meine Gegner werfen mir vor, ich stelle die Segel nach dem Wind. Man vergisst: Darin besteht ja gerade die Kunst des Segelns.
Friedrich Hebbel	Man erobert die Welt nicht bloß als Feldherr, indem man sie unterwirft, sondern auch als Philosoph, indem man sie durchdringt, und als Künstler, indem man sie in sich aufnimmt und sie wieder gebiert.
Winston Churchill	Ich glaube nur an Statistiken, die ich selbst gefälscht habe.
Marie von Ebner-Eschenbach	Echte Propheten haben manchmal, falsche Propheten haben immer fanatische Anhänger.
Friedrich Maximilian von Klinger	Wann haben wohl die Großen und Menschenführer Bücher um Rate gefragt, wie sie ihr Geschäft treiben sollten?
Henri Tissot	Mancher ausscheidende Politiker hinterlässt eine Lücke, die ihn voll ersetzt.
Otto von Bismarck	Der Mensch kann den Strom der Zeit nicht schaffen und nicht lenken, sondern nur auf ihm fahren und steuern, um mit mehr oder weniger Erfahrung und Geschick den Schiffbruch zu vermeiden.

A witty statesman said, you might
prove anything by figures.

Thomas Carlyle

The business of the general is quiet
and secret, fair and orderly.

Sun-tse

Presse und öffentliche Meinung

Nichts ist älter als die Zeitung von
gestern.

Anonymus

Ich lese keine Zeitung. Was wirklich
wichtig ist, erfahre ich an der Börse.

Mayer Amschel Rothschild

Was der deutsche Geschäftsmann
als geheim ansieht, erzählt der
amerikanische seinem Friseur,
seinem Kellner und seiner Putzfrau.

Anonymus

Die Welt ist nicht schlechter
geworden. Nur die Nachrichten-
dienste wurden besser.

Anonymus

Some are born great, some achieve
greatness, and some hire public
relations officers.

Daniel J. Boorstin

Mit Schlagzeilen erobert man Leser.
Mit Informationen behält man sie.

Alfred Harmsworth

Eine gute Zeitung informiert besser
als mehrere schlechte Fernsehsender.

Hermann Simon

Das Telefon gehört zu den Unentbehr-
lichkeiten, die nicht gekannt zu haben
ein rohes Zeitalter adelt.

Richard Schaukal

Hermann Simon   Pressefreiheit ist auch die Freiheit, den Fernseher nicht anzuschalten.

Seneca   Du fragst, was du nach meiner Meinung vor allem zu meiden habest: die große Masse.

Baltasar Gracián   Es soll uns betrüben, wenn unsere Sachen allen gefallen; weil es ein Zeichen ist, dass sie nicht taugen: Denn das Vortreffliche ist für wenige.

Friedrich Nietzsche   Der Irrsinn ist bei Einzelnen etwas Seltenes, aber bei Gruppen, Parteien, Völkern, Zeiten die Regel.

Henri-Frédéric Amiel   Das Zeitalter der großen Männer geht zu Ende; die Epoche des Ameisenhügels, des Lebens in der Vielzahl beginnt.

Sören Kierkegaard   Je mehr Leute es sind, die eine Sache glauben, desto größer ist die Wahrscheinlichkeit, dass die Ansicht falsch ist. Menschen, die Recht haben, stehen meistens allein.

Thomas Carlyle   I do not believe in the collective wisdom of individual ignorance.

Georg Christoph Lichtenberg   Der gewöhnliche Kopf ist immer der herrschenden Meinung und der herrschenden Mode konform.

John Locke   New opinions are always suspected, and usually opposed, without any other reason but because they are not already common.

Wo alle das Gleiche denken, denkt keiner viel.

Walter Lippmann

Jede Idee, die akzeptierte Normen verletzt oder verändert, wird sie wahrscheinlich gegen die Hürden der Konformität laufen lassen.

Michael Le Boeuf

Wenn sich die Mehrheit zur richtigen Ansicht bekehrt, dann sicherlich aus den falschen Gründen.

Philip Dormer Stanhope

Die öffentliche Meinung ist die Dirne unter den Meinungen.

Marie von Ebner-Eschenbach

Die Intellektuellen sind unkritisch und gehen mit Moden. Es gibt intellektuelle Moden, und es gibt einen starken Druck. Das heißt: Wer nicht mit der Mode geht, der steht bald außerhalb des Kreises derer, die ernst genommen werden.

Karl R. Popper

Public opinion only exists where there are no ideas.

Oscar Wilde

Die Demoskopie ist einem Land umso bedeutender, je weniger die veröffentlichte Meinung der tatsächlichen Volksmeinung entspricht.

Elisabeth Noelle-Neumann

Unter einer Demoskopin stellt man sich so etwas vor wie eine Pythia mit Computer.

Alberto Sordi

Ist erst das Reich der Vorstellungen revolutioniert, so hält die Wirklichkeit nicht aus.

Georg Wilhelm Friedrich Hegel

Roman Herzog An drei Dinge glaube ich nicht:
Kalorien, Vitamine und Demoskopie.

Hermann Hesse Nach meiner Erfahrung ist der ärgste
Feind und Verderber der Menschen
der auf Denkfaulheit und Ruhe-
bedürfnis beruhende Drang nach
dem Kollektiv, nach Gemeinschaften
mit absolut fester Dogmatik, sei diese
nun religiös oder politisch.

Jacob Hessing Fundamentalisten sind zu allem fähig
– und sonst zu nichts.

Henri Tissot Ideologen sind wie Meteorologen:
Ihre Vorhersage war richtig, bloß das
Wetter ist falsch.

Jean Cocteau Pflege, was die Öffentlichkeit dir
vorwirft: Das bist nämlich du.

Jozsef von Eötvös Auf große Popularität kann nur
derjenige rechnen, der seinen
Zeitgenossen Gemeinplätze in
volltönenden Worten zum Besten
gibt.

Oscar Wilde Popularität setzt immer
Mittelmäßigkeit voraus.

Winston Churchill Wer die bessere Einsicht hat, darf sich
nicht scheuen, unpopulär zu werden.

Gottfried Wilhelm Leibniz Wer Wahrheit sucht, der darf die
Stimmen nicht zählen.

Eric Hoffer When people are free to do as they
please they usually imitate each other.

I cannot give you the formula for success, but I can give you the formula for failure, which is: Try to please everybody.

Herbert Swope

Mancher glaubt, beliebt zu sein, aber man hat sich nur an seine Art gewöhnt.

Upton Sinclair

Mehrheiten zementieren das Bestehende; Fortschritt ist nur über Minderheiten möglich.

Bertrand Russell

Die Popularität ist eine Krankheit, die umso chronischer zu werden droht, je später im Leben sie den Patienten befällt.

Ernst Jünger

Was wir niemals nachahmen würden, wenn es wenige täten, dem schließen wir uns an, sobald mehrere damit anfangen – als ob es dadurch besser würde, dass es häufiger vorkommt. So tritt bei uns an Stelle des Rechten der Irrtum, sobald dieser allgemein geworden ist.

Seneca

When a dog bites a man that is not news, but when a man bites a dog that is news.

John B. Bogart

Freund und Feind

Willst du etwas los sein, leihe es einem guten Freund.

Plautus

Be your own best enemy!

Procter & Gamble

Niki Lauda Ich kann nicht sagen, was ein Freund ist. Ich weiß nur eins: Oben hat man viele, in der Mitte wenige und unten – keine.

Matthias Beltz Man weiß nicht mehr, wo die Grenzen liegen, wo der Freund sitzt, wo der Feind.

Elias Canetti Wer die Wahrheit eines Menschen kennt, zerstört ihn, es sei denn, er schweigt. Es ist schwer, zu Menschen zu schweigen, die man oft sieht. Man hilft ihnen so lange, bis sie ein falsches Bild von sich selber haben, und für dieses Bild ist man verantwortlich.

Oscar Wilde Unseren Feinden haben wir viel zu verdanken.

Oscar Wilde A man cannot be too careful in the choice of his enemies.

Otto von Bismarck Wer einen ebenbürtigen Gegner überlebt, wird entdecken, dass ihm etwas fehlt.

John McEnroe Wenn du deinen größten Gegner verlierst, verlierst du auch einen Teil deiner selbst.

Friedrich Nietzsche Aber der schlimmste Feind, dem du begegnen kannst, wirst du immer dir selber sein; du selber lauerst dir auf in Höhlen und Wäldern.

Robert Frost Good fences make good neighbors.

Aber wer klug ist, der lernt fürwahr von dem Feinde gar vieles.

Aristophanes

Recht ist's, auch vom Feinde zu lernen.

Ovid

Know the ways of your opponent.

Steven Schlosstein

Ich gehe öfters auch in das Lager des Feindes – nicht als Überläufer, sondern als Kundschafter.

Seneca

Wer nicht vertrieben sein will, muss vertreiben.

Friedrich von Schiller

Ein fauler und ein fleißiger Mensch können nicht gut miteinander leben, der faule verachtet den fleißigen gar zu sehr.

Marie von Ebner-Eschenbach

Liebe deine Feinde, aber sei schneller als sie.

Chinesische Weisheit

Wer andern keine Grube gräbt, fällt selbst hinein.

Karl Kraus

Das Abendessen überlasse deinen Feinden.

Chinesische Weisheit

Resolve disputes early. Avoid litigation whenever possible.

Leo B. Helzel

Das Vollkommene ist der Feind des Guten.

Voltaire

Conservatives are not necessarily stupid, but most stupid people are conservatives.

John Stuart Mill

Oscar Wilde It is only by not paying one's bills that one can hope to live in the memory of the commercial classes.

Jean Paul Man widerlegt lieber den, der zu schwer, als den, der zu leicht zu widerlegen ist.

Charles de Gaulle Patriotismus ist, wenn die Liebe für das eigene Volk zuerst kommt; Nationalismus, wenn der Hass auf andere Völker vorherrscht.

Charles de Gaulle Zwischen Staaten gibt es keine Freundschaft, sondern nur Allianzen.

Jacinto Benavente Wenn du willst, dass dir jemand nicht mehr unsympathisch ist, tue ihm Gutes, und du wirst sehen, dass er dir sympathisch wird!

Richard Branson I am not one to waste energy and time having arguments.

Hans Kasper Ein durchdachter Angriffsplan schließt die Rückzugsmöglichkeit ein.

aus Griechenland Man muss nicht unbedingt das Licht des anderen ausblasen, damit das eigene recht hell leuchtet.

James William Fulbright Es ist Unsinn, Türen zuzuschlagen, wenn man sie angelehnt lassen kann.

Jean Paul Die Menschen widerlegen einander ewig nur Irrtümer, die der Gegner nicht behauptet.

Wir tadeln an anderen nur die Fehler, **Alexandre Dumas d. J.**
von welchen wir keinen Nutzen
ziehen.

Wenn der Fuchs predigt, so nimm die **Deutsches Sprichwort**
Hühner in Acht.

Jeder Erfolg, den man erzielt, schafft **Oscar Wilde**
uns einen Feind. Man muss
mittelmäßig sein, wenn man beliebt
sein will.

Love your enemies, for they tell you **Benjamin Franklin**
your faults.

Globalisierung

Behandelt die Erde gut. Sie wurde **Kenianisches Sprichwort**
euch nicht von euren Eltern gegeben.
Sie ist euch von euren Kindern
geliehen.

Ich bin kein Athener oder Grieche, **Sokrates**
ich bin ein Weltbürger.

Olympische Spiele. Eine wundervolle **George Bernard Shaw**
Gelegenheit, Zwietracht auch unter
solchen Nationen zu stiften, die sonst
keine Reibungsflächen haben.

Der Nationalcharakter eines Volkes **Henry Kissinger**
spiegelt sich in der Taktik seiner
Fußballnationalmannschaft wider.

Foreign Aid: Taxing poor people in **Bernard Rosenberg**
rich countries for the benefit of rich
people in poor countries.

Hermann Simon	Wir müssen uns damit abfinden, dass Deutsch aus dem Geschäftsleben immer stärker verdrängt wird.
Thomas B. Macaulay	Free trade, one of the great blessings a government can confer on a people, is in almost every country unpopular.
Fortune Magazine	The shrinking world will mean an expanding clock.
Herbert Marshall McLuhan	The new electronic interdependence recreates the world in the image of a global village.
James Newman	Vor den Steuern fliehen fast ebenso viele Menschen ins Ausland wie vor Diktatoren.
Hermann Simon	Das perfekte globale Unternehmen gibt es seit 2000 Jahren. Die katholische Kirche.
Leo B. Helzel	Always assume that time will be handled differently in a foreign country.
Oswald Spengler	Kulturen sind Organismen. Weltgeschichte ist ihre Gesamtbiographie.
Catherine David	Unsere Welt ist beides: global village und village. Sie ist vernetzt und vereinsamt.
Hermann Simon	Mächtiger als jede Nation ist das internationale Kapital. Es ist nämlich die Welt.

Warum in der Nähe bleiben, wenn die Ferne liegt so nah.	**Hermann Simon**
Two thirds of all people in the world have never used a telephone.	**The Wall Street Journal**
Half the world's population has never taken a picture.	**The Wall Street Journal**
All business is global, but all sales are local.	**Wigand Große-Oetringhaus**
Create global brands!	**Procter & Gamble**
Es ist der Globalisierung egal, ob die Leute sie mögen oder nicht.	**Hermann Simon**
Global corporations are at war for 21st century executive talents. Attracting world-class is getting more and more difficult. Firms big and small need to provide talented people with a compelling reason to join and stay with a company.	**The Wall Street Journal**
If Spain is the problem, Europe is the solution.	**José Ortega y Gasset**
Die Einheit Europas war ein Traum weniger. Sie ist eine Hoffnung für viele. Sie ist heute eine Notwendigkeit für alle.	**Konrad Adenauer**
Wenn ich daran denke, dass »Asterix« in 72 Sprachen übersetzt wurde, und ich spreche nur eine einzige, dann bekomme ich doch richtige Komplexe.	**Albert Uderzo**

Anonymus	In Europa kann man sich nicht einmal einigen, auf welcher Straßenseite man fährt. Und da will man eine einheitliche Währung.
Jacques Rueff	Europa entsteht durch die Währung oder gar nicht.
Ulf Dunkel	Nach dem Euro höre ich schon Rufe nach einer einheitlichen europäischen Sprache.
Hermann Simon	Die D-Mark starb in jungem Alter. Erst knapp über 50 Jahre alt, wurde sie vom Euro abgelöst.
Johann Wolfgang von Goethe	Wer fremde Sprachen nicht kennt, weiß nichts von seiner eigenen.
Wilhelm von Humboldt	Die wahre Heimat ist eigentlich die Sprache. Sie bestimmt die Sehnsucht danach, und die Entfernung vom Heimischen geht immer durch die Sprache am schnellsten.
Hermann Simon	Ein Problem mit fremden Sprachen ist, dass man in ihnen schlecht schimpfen kann.
Johann Wolfgang von Goethe	Die Sprache bringt doch eine Art von Atmosphäre des Landes mit.
George Bernard Shaw	Engländer und Amerikaner sind nur durch die gemeinsame Sprache getrennt.
Hermann Simon	Englisch ist unsere zweite Muttersprache.

Wahre Globalität ist erst erreicht, **Hermann Simon**
wenn jeder Mitarbeiter befördert
wird, ohne dass Herkunft,
Nationalität, kultureller Hintergrund,
Rasse oder Religion eine Rolle
spielen.

The Americans do not speak other **Robert Solow**
languages. American industry has
only just begun to learn that it needs
people who are at home in other
countries and cultures.

In terms of communications Japan is **David Halberstamm**
like a black whole: it receives signals,
but does not emit them.

Nun, die japanische Kultur zum **Herbert A. Allen**
Beispiel ist von der Insellage geprägt.
Sie ist schwer in andere Länder zu
vermitteln. Ähnlich ist es mit den
Deutschen. Sie sind brillante, harte
Arbeiter. Aber kulturelle Grenzen
überspringen sie nur schwer.

Das Talent zur Disziplin ist die **Christian Morgenstern**
Wurzel von Preußens Größe.

Im 19. Jahrhundert galt das deutsche **Anthony Oberschall**
höhere Bildungswesen als das beste
der Welt.

Wir haben in Deutschland eine **Michael Otto**
Umwelttechnologie, mit der wir in der
Welt führend sind und die inzwischen
auch zu einem Exportschlager wird.
Das ist einer der wenigen innovativen
Bereiche, die wir haben.

Evangelium nach Johannes Wir sollen in der Welt, aber nicht von der Welt sein.

Hans Kasper Uns Deutschen geht es um die Sache! Wir können keine Zeit damit verschwenden, auch noch zu eruieren, um was für eine Sache es sich jeweils handelt.

Herz des Unternehmens

Unternehmen bestehen nicht nur aus harten Zahlen und Strukturen, sie beinhalten auch weiche Aspekte, haben gewissermaßen ein Herz. Als solches könnte man die Unternehmenskultur bezeichnen. Das Interesse an Unternehmenskultur hat in den letzten Jahren stark zugenommen. Unter Unternehmenskultur verstehen wir das von den Mitarbeitern akzeptierte Wertesystem eines Unternehmens. Sie umfasst mehr als die äußeren Symbole, die sichtbaren Merkmale und Riten, die in einer Firma auftreten. Sie betrifft die innere Substanz und enthält Antworten auf grundlegende Fragen wie:

- Wofür stehen wir?
- Was sind unsere Prinzipien?
- Wo wollen wir hin?
- Wie steht es um unsere Identifikation und Motivation?

Es kommt dabei nicht darauf an, ob solche Antworten explizit oder gar in schriftlicher Form vorliegen. Wichtig ist vielmehr, dass die Inhalte in den Köpfen und den Herzen der Mitarbeiter verankert sind, als normative Verpflichtung angenommen und im betrieblichen Alltag gelebt werden.

Meiner Erfahrung nach liegen die wirklichen Unterschiede zwischen guten und schlechten Firmen eher in den Unternehmenskulturen als in den Maschinen, Anlagen, Prozessen oder der Organisation. Ein erfolgreicher Unternehmer drückte dies in einem Gespräch wie folgt aus: »Mit einer hochmotivierten Mannschaft, die auf alten Maschinen in einer Bruchbude arbeitet, erreicht man mehr als mit einer unmotivierten Gruppe, die über modernste Maschinen und Gebäude verfügt.«

Die Mitarbeiter, ihre Motivation, ihre Identifikation mit dem Unternehmen sind der langfristig wichtigste Erfolgsfaktor. Rekrutierung, Selektion, Entwicklung und Beförderung dieser Mitarbeiter gehören allerdings zu den schwierigsten Aufgaben des Managers, denn es geht um die Beurteilung von Menschen. Dabei scheinen unseren Weisheiten zufolge die grundlegenden Regeln recht einfach: Man stelle nur Leute ein, die besser sind als man selbst, und von denen, die schlechte Leistung bringen, trenne man sich entschlossen. Viel komplizierter ist gutes Management in der Tat nicht. Wer diese simplen Maximen beherzigt, der kann den Erfolg kaum vermeiden. Was ist hier Ursache, was ist Wirkung? Wie oft im Leben erweisen sich die Dinge als interdependent. Eine gute Unternehmenskultur schafft motivierte Mitarbeiter, zufriedene Mitarbeiter wiederum beflügeln die Unternehmenskultur – und ziehen damit andere gute Mitarbeiter an.

Es besteht kein Zweifel, dass die Bedeutung von Unternehmenskultur weiter zunehmen wird. Die Menschen sind immer weniger bereit, nur des Geldes wegen einem Unternehmen zu dienen. Letztlich arbeiten sie nicht für Geld, sondern suchen in ihrer Arbeit Sinn, Spaß sowie die Erfüllung übergeordneter Ziele und Werte. In hoch entwickelten Gesellschaften zielt die Arbeitsmotivation auf solche höheren Ebenen der Bedürfnispyramide. Auch Bewerber sind gut beraten, der Unternehmenskultur bei ihrer Entscheidung für einen Arbeitgeber einen großen Stellenwert zuzumessen. Ein höheres Gehalt kann ein unbefriedigendes Arbeitsumfeld, bei dem ein Großteil der Energie auf interne Reibungen verwandt wird, nur schwer aufwiegen. Dies gilt am stärksten in modernen Dienst- und Geistesleistungsunternehmen. Je anspruchsvoller die Tätigkeit, desto wichtiger wird die Unternehmenskultur! Denn die Leistung hoch qualifizierter Mitarbeiter ist kaum direkt messbar, letztlich lassen sich diese Experten nur über Motivation und Zielvorgaben, hingegen nicht mit klassischen Kontrollmechanismen führen. In gewisser Weise »ersetzt die Unternehmenskultur die Stechuhr«. Da sind wir nun wirklich beim Letzten, was wir haben wollen. Success is never final.

Unternehmenskultur

Wenn wir heute so oft über Unternehmenskultur sprechen, dann meinen wir damit in Wirklichkeit das die ganze Unternehmung durchziehende Commitment, das Eingeschworensein auf gemeinsame Ziele und Werte. Diese Ziele und Werte müssen von den Unternehmensführern ausgedacht, verkündet und vorgelebt werden.

Peter F. Drucker

Unternehmenskultur ist das von den Mitarbeitern anerkannte und als Verpflichtung angenommene Werte- und Zielsystem eines Unternehmens.

Hermann Simon

Die Unternehmenskultur soll nicht kurzfristigen Modetrends folgen, sondern der Kompass sein, mit dessen Hilfe die Mitarbeiter in unruhigen Zeiten sicher navigieren.

Hermann Simon

Unternehmenskultur ist die Summe der Selbstverständlichkeiten.

Werner Then

Values provide a common language for aligning a company's leadership and its people.

Robert Haas

Wenn über das Grundsätzliche keine Einigkeit besteht, ist es sinnlos, miteinander Pläne zu schmieden.

Konfuzius

If everyone is moving forward together, then success takes care of itself.

Amerikanische Maxime

Lewis Platt	Ich setze eher mehr Zeit ein, um über Werte zu sprechen, als dafür, Geschäftsstrategien zu entwickeln.
Procter & Gamble	One company, one culture.
Anonymus	One can read an organisation's culture by talking any base-line employee as well as measuring the character and posture of its top person.
Robert Townsend	If you're the boss and your people fight you openly when they think you're wrong, that's healthy.
Hermann Simon	Man muss immer mehr Arbeit als Köpfe haben.
Seneca	Du wirst kaum jemanden finden, der bei offener Türe leben könnte.
Gustav Radbruch	Es gibt kein besseres Mittel, das Gute in dem Menschen zu wecken, als sie so zu behandeln, als wären sie schon gut.

Mitarbeiter

Leo B. Helzel	Don't hire anyone you can't fire.
Warren Bennis	Recruit with scrupulous honesty.
Ramona E. F. Arnett	I have never been able to select quality employees in advance. I have learned, however, how to get rid of the poor and mediocre ones.

Vertraust du einem Menschen nicht,
so stelle ihn nicht ein; stellst du ihn
jedoch ein, so sollst du ihm vertrauen.

Chinesische Weisheit

Die Unterdurchschnittlichen
beinhalten das größte
Rationalisierungspotenzial. Um es
auszuschöpfen, bedarf es allerdings
des Mutes und der Konsequenz.

Hermann Simon

Motivation will almost always beat
mere talent.

Norman R. Augustine

Ich habe viele junge Leute eingestellt.
Die wichtigste Lehre: Ich messe der
intrinsischen Motivation immer
größere Bedeutung zu.

Hermann Simon

You can learn more about people in
two months of bad times than in five
years of good times.

Leo B. Helzel

Gib mir sieben entschlossene
Männer, und ich werde das Gesicht
der Welt verändern.

Ignatius von Loyola

If you always hire people
who are smaller than you are,
we shall become a company of
dwarfs.
If, on the other hand,
you always hire people who are
bigger than you, we shall become
a company of giants.

David Ogilvy

The only really smart thing about me
is that I know enough to hire men
who are smarter than me.

Charles Walgreen

Teresa Amabile In hiring we almost never look at intrinsic motivation.

Don Hewitt I never hired anybody who wasn't smarter than me.

John F. Kennedy Ein gescheiter Mann muss so gescheit sein, Leute einzustellen, die viel gescheiter sind als er.

Hermann Simon Die größte Gefahr besteht darin, Leute einzustellen, die schlechter sind als man selbst. Dieser Gefahr erliegen die meisten.

Anonymus Der Vollkommenheit am nächsten steht der Mensch, wenn er eine Stellenbewerbung schreibt.

George Savile There are hardly two creatures of a more differing species than the same man, when he is pretending to a place, and when he is in possession of it.

Mark Twain Das Gesetz der Arbeit scheint äußerst ungerecht, aber es ist da, und niemand kann es ändern: Je mehr Vergnügen du an deiner Arbeit hast, desto besser wird sie bezahlt.

Ruth Hermann Tipp für Stellensuchende. Eine Fürsprache ist mehr wert als zwei Fremdsprachen.

Charles Baudelaire Auf eine letzte Wahrheit gebracht: Die Arbeit ist weniger langweilig als das Vergnügen.

Glück hilft nur manchmal, Arbeit immer.

Weisheit der Brahmanen

Wenig Arbeit ist eine Bürde, viel Arbeit eine Freude.

Victor Hugo

Every human being, no matter how beaten down, dreams of a better life and will work like a champion for it given the opportunity.

Mildred R. Leet

Urlaub ist die Fortsetzung des Familienlebens unter erschwerten Bedingungen.

Anonymus

Urlaub ohne Unterlass wäre ein gutes Training für den Aufenthalt in der Hölle.

George Bernard Shaw

Zu viel Freizeit kann dazu führen, dass die Menschen in Zukunft dazu übergehen, das zu tun, was sie schon immer gern getan haben, nämlich sich gegenseitig umzubringen.

Alexander Mitscherlich

Die Produktivitätsunterschiede zwischen guten und schlechten Arbeitern betragen zwei zu eins, zwischen guten und schlechten Softwareentwicklern sechs zu eins, zwischen guten und schlechten Topmanagern unendlich zu eins.

Wigand Große-Oetringhaus

Die besseren 90 Prozent der Belegschaft verursachen 90 Prozent allen Ärgers, und die restlichen 10 Prozent verursachen die übrigen 90 Prozent des Ärgers.

Anonymus

Vic Bradley Urlaub machen ist immer gefährlich, weil sich vielleicht herausstellt, dass man keine Lücke hinterlässt.

Otto Flake Wir sollten wieder lernen, aus der Freizeit Muße zu machen.

Peter Rosegger Wer nicht schon in der Arbeit Genugtuung findet, der wird nie zur Zufriedenheit gelangen.

Heinrich Nordhoff Den Wert eines Unternehmens machen nicht die Gebäude und Maschinen und auch nicht seine Bankkonten aus. Wertvoll an einem Unternehmen sind nur die Menschen, die dafür arbeiten, und der Geist, in dem sie es tun.

Grundsatz von Sumitomo Das Ideal ist hohe Arbeitsmoral, hohe Produktivität und hoher Lohn. Das scheint uns besser als niedrige Arbeitsmoral, niedrige Produktivität und niedriger Lohn.

Leo B. Helzel Make certain that employees understand one key financial equation: profitability equals job security.

Ludwig Marcuse Es ist immer die Leistung, die bestimmt, wer zur Elite zählt.

Hermann Simon Leute, die in sehr jungen Jahren große Leistungen vollbringen, sehen meist älter aus, als sie sind.

Henry B. Schacht Companies store people.

Die Kontrolle der Leistung durch Beobachtung der Handlung wird immer weniger möglich. Dies ist nur noch durch geistiges Commitment erreichbar.

Ihno Schneevoigt

On easy or familiar tasks people make fewer errors when they are being watched. For more difficult or unfamiliar tasks the reverse is true.

Roger Peters

Manche Leute erledigen vor allem Arbeiten, die es ohne sie nicht gäbe.

Hermann Simon

Nicht einmal im ganzen Jahr fahre ich über die Fehler meiner Untergebenen auf, aber über ihre Ausflüchte, Entschuldigungen und Verteidigungen.

Michel de Montaigne

Ein Zehntel der Arbeitskräfte produziert mehr als ein Drittel des Outputs. Wenn man die Zahl der Mitarbeiter erhöht, senkt das lediglich den Durchschnitt.

Norman R. Augustine

Ideally you should have a minimum of staff to disturb the operating people and prevent them from doing their more important jobs.

Percy Barnevik

Je besser ausgebildet die Mitarbeiter in der Linie sind, desto überflüssiger ist der Overhead.

Heinrich von Pierer

All employees are multifunctional. Each one must be able to carry out 14 different tasks.

America West Airlines

Carla Paonessa You cannot expect your employees to delight your customers unless you as an employer delight your employees.

Maurice S. Trotter A person who has a good boss and congenial fellow workers will not change jobs for a few dollars more.

Joe Kelly Keep it simple. The purpose of performance evaluation should be to draw a line between above and below average performers.

Heinrich Wolfgang Seidel Man darf niemandem seine Verantwortung abnehmen, aber man soll jedem helfen, seine Verantwortung zu tragen.

Hans-Jürgen Warnecke Man muss versuchen, im einzelnen Mitarbeiter das gesamte Unternehmen abzubilden.

Hermann Simon Kürzlich haben wir einen zu etwas befördert, was er schon war. War das nun eine Beförderung oder nicht?

Gerhard Neumann Ich habe viele talentierte Leute in großen Firmen in relativ niedrigen Positionen hängen bleiben sehen. Von der niedrigen Laufbahnebene in die mittlere durchzubrechen, ist für jeden der schwierigste Teil des Vorwärtskommens in einer großen Organisation.

Hermann Simon Wir trafen auf einen, für den das Peter-Prinzip galt. Später stellten wir fest, dass er tatsächlich Peter hieß.

Ich habe nie gezögert, jemanden zu befördern, den ich nicht mochte. Im Gegenteil, ich habe immer Ausschau gehalten nach den widerspenstigen, kratzbürstigen, fast unausstehlichen Typen, die einem die Dinge sagen, wie sie wirklich sind. Wenn man genügend viele davon hat und die Geduld aufbringt, sie zu ertragen, dann gibt es für ein Unternehmen kaum noch Grenzen.

Thomas J. Watson

In einer Hierarchie neigt jeder dazu, bis zu seiner Stufe der Unfähigkeit aufzusteigen.

Peter-Prinzip

Manche Chefs lassen ihre Mitarbeiter bereits bei der Auftragserteilung merken, dass sie davon überzeugt sind, die Arbeit am Ende selbst übernehmen zu müssen.

Günther F. Gross

Es gibt zwei Arten von Arbeitern, aus denen nie etwas Richtiges wird: diejenigen, die nie tun, was man ihnen sagt, und diejenigen, die nur tun, was man ihnen sagt.

Christopher Morley

Ein Stellvertreter ist ein Mann, der sich jeden Morgen nach unserem Befinden erkundigt und sehr enttäuscht ist, wenn man gut geschlafen hat.

Charles de Gaulle

The single best predictor of overall excellence is a company's ability to attract, motivate, and retain talented people.

Bruce Pfau

Hermann Simon	Bevor jemand geht, ist er meist schon längere Zeit weg.
Hermann Simon	Seltsame Vornamen sind interessante Signale. Sie wurden schließlich von Eltern gewählt.
Hermann Simon	Warum man wohl an den Schuhen sehen kann, ob aus einem etwas wird oder nicht?
Harvey Mackay	Show me a good phone receptionist and I'll show you a good company.
Hermann Simon	Mit Kleidung kann man nicht positiv auffallen. Sehr wohl aber negativ.

Ursachen und Wirkungen

Cicero	Der Ursprung aller Dinge ist klein.
Lucretius	Aus nichts wird nichts.
Hermann Simon	So wie Frauen die ewige Jugend, so suchen Manager ständig die wundersame Erfolgsformel. Beides gibt es nicht. Die Moden – in Bekleidung wie Management – dienen nur dazu, diese unstillbaren Bedürfnisse zu befriedigen.
Robert G. Ingersoll	In nature there are neither rewards nor punishments. There are consequences.
Augustinus	Die Sache haben sie gesehen, die Ursache haben sie nicht gesehen.

Von nix kütt nix.　**Kölnische Weisheit**

Ob man schwierige Probleme　**Peter M. Senge**
bewältigt, hängt häufig davon ab,
dass man erkennt, wo die Hebel-
wirkung am größten ist.

Der Grund aller Verkehrtheit in　**Novalis**
Gesinnungen und Meinungen ist –
Verwechslung des Zwecks mit dem
Mittel.

Ein kleiner Irrtum am Anfang wird　**Giordano Bruno**
am Ende ein großer.

Wo es an Beratung fehlt, da scheitern　**Bibel, Buch der Sprüche**
die Pläne.　**15, 22-23**

Wenn jene sagen: »Wie lange noch　**Seneca**
immer die gleichen Vorwürfe?«, so
antworte: »Wie lange macht ihr
immer wieder die gleichen Fehler?«

Nichts lohnt sich, außer was ernste　**George Bernard Shaw**
Folgen haben kann.

Ein verlässlicher Frühindikator　**Hermann Simon**
bevorstehenden Niedergangs sind
Auszeichnungen für gutes
Management.

Die großen und glänzenden Taten,　**François La Rochefoucauld**
welche das Auge blenden, werden
von den Politikern als die Wirkungen
großer Pläne hingestellt, obwohl sie
gewöhnlich nichts anderes sind als
die Wirkungen von Launen und
Leidenschaften.

Georges Pompidou Ein Ruin kann drei Ursachen haben: Frauen, Wetten oder die Befragung von Fachleuten.

Hermann Simon Die Manager, die am besten öffentlich reden und schreiben, sind selten diejenigen, die am besten managen.

Ernst Jünger Ein Gedanke, der uns entflieht, gleicht dem Fisch, der von der Angel geht. Wir sollten nicht nach ihm jagen; er nährt sich weiter in der Tiefe und kehrt gewichtiger zurück.

Arthur Koestler Die Gefahr liegt also gar nicht darin, dass sich die Forscher spezialisieren, sondern dass die Spezialisten generalisieren.

Thomas C. Schelling Do creatures reproduce themselves by way of genes, or do genes reproduce themselves by way of creatures?

Karl Kraus Besser, es wird einem nichts gestohlen. Dann hat man wenigstens keine Scherereien mit der Polizei.

Das Letzte

Benjamin Franklin Zufriedenheit ist der Stein der Weisen, der alles, was berührt, in Gold verwandelt; der Arme ist reich mit ihm, der Reiche arm ohne ihn.

Seneca Was du für den Gipfel hältst, ist nur eine Stufe.

A good beginning makes a good ending.

Englisches Sprichwort

It is not the going out of port, but the coming in that determines the success of a voyage.

Henry Ward Beecher

In life what sometimes appears to be the end is really a new beginning.

Amerikanisches Sprichwort

Wir können die Schwerkraft überwinden, aber den Papierkrieg nie.

Wernher von Braun

Ein Geschäft wird erst dann ein Geschäft, wenn das Finanzamt nachweisen kann, dass es kein Geschäft war.

Markus Ronner

I am satisfied with the money I make until I read how much baseball players are making.

Andrew A. Rooney

Look for an impending crash in the economy when the bestseller lists are filled with books on business strategies and quick-fix management ideas.

Peter F. Drucker

Bei der nächsten Sintflut wird die Menschheit nicht in Wasser, sondern in Papier ertrinken.

William Somerset Maugham

Herr, vergib ihnen, denn sie wissen, was sie tun!

Karl Kraus

Man vergötzt das Image, weil man kein Gesicht mehr hat.

René Huysmans

Konrad Adenauer	Man darf niemals »zu spät« sagen. Auch in der Politik ist es niemals zu spät. Es ist immer Zeit für einen neuen Anfang.
Oscar Wilde	Memoiren werden in der Regel von Leuten geschrieben, die entweder ihr Erinnerungsvermögen verloren oder nichts getan haben, das der Erinnerung wert wäre.
Manfred Eigen	Die Evolution bringt nichts hervor, was nicht irgendwie von Vorteil ist – dazu gehört auch der Tod.
Hideki Yukawa	In essence, nature is simple.
Gore Vidal	Woodrow Wilson war der letzte Präsident, der seine Reden selber schrieb. Bush dürfte der letzte sein, der sie zumindest selber liest, wenn man das Tempo der heutigen Analphabetisierung berücksichtigt.
Winston Churchill	Es gibt Leute, die halten den Unternehmer für einen räudigen Wolf, den man totschlagen müsse. Andere meinen, der Unternehmer sei eine Kuh, die man ununterbrochen melken könne. Nur wenige sehen in ihm ein Pferd, das den Karren zieht.
Günter Grass	Ich bin überzeugt, dass die Menschen von den Ergebnissen ihrer Leistungsfähigkeit überfordert werden.
Martin Kessel	Das Beste, was diese Welt bietet, ist die Sehnsucht nach einer anderen.

The success of any great moral
enterprise does not depend upon
numbers.

William L. Garrison

Die meisten Menschen sterben an
ihren Arzneien, nicht an ihren
Krankheiten.

Molière

Runter kommen sie alle. Dieser
Spruch gilt für Flugzeuge wie für
Börsenkurse.

Hermann Simon

Im Grunde ist nur das Unnütze
wirklich von Dauer.

Karl Heinrich Waggerl

Die erste Generation schafft
Vermögen, die zweite verwaltet
Vermögen, die dritte studiert
Kunstgeschichte, und die vierte
verkommt.

Otto von Bismarck

Es gibt Dinge, die man anfängt, ohne
dass man weiß, wie sie ausgehen:
Liebe, Revolution und Karriere.

Helmut Maucher

Jede Gesellschaft ehrt ihre lebenden
Konformisten und ihre toten
Unruhestifter.

Mignon McLaughlin

Remind yourself of the fact that life is
by its very nature unfinished and you
should not expect, or even wish, for
all your projects to come to an end
completely at a given hour, week,
month, or even year. Life consists not
of separate endings and beginnings
but of continuously occuring
problems and potential solutions.

Meyer Friedman

Gerald M. Loeb	Don't be overly concerned about your heirs. Usually, unearned funds do them more harm than good.
Meyer Friedman	And when all the clocks and calendars have stopped their counting for you, what then has your life added up to?
André Malraux	Wir können doch kein Fazit ziehen, wenn wir noch unterwegs sind.
Winston Churchill	Success is never final.
Lothar Schmidt	Was bleibt, ist das Zitat.
Inschrift auf einem Grabstein	Ich hatte dies erwartet, doch nicht so bald.
Benjamin Franklin	Death and taxes are the only certainties in life.
Ralph Waldo Emerson	I hate quotations. Tell me what you know.

Verzeichnis der Autoren

Bardwick, Judith M.: amerikanische Unternehmensberaterin, Psychologin und Management-Autorin 19

Barker, Joel A.: amerikanischer Unternehmensberater und Management-Autor 260

Barnard, Chester (1886-1961): amerikanischer Manager und Organisationstheoretiker 186

Barnevik, Percy (*1941): schwedischer Manager (ehemaliger Vorsitzender des Vorstandes, Asea Brown Boveri) 122, 166, 271, 311

Baruch, Bernard M. (1870-1965): amerikanischer Wirtschafts- und Börsenfachmann 202, 253

Baudelaire, Charles (1821-1867): französischer Lyriker 31, 254, 308

Bauer, Karl Heinrich (1890-1978): deutscher Chirurg und Onkologe 146

Beckers, Harry: niederländischer Manager (Research Coordinator, Royal Dutch Shell) 92, 160

Beecher, Henry Ward (1813-1887): amerikanischer protestantischer Reformer und Kirchenmann 232, 317

Beltz, Matthias (*1945): deutscher Kabarettist und Autor 214, 294

Benavente, Jacinto (1866-1954): spanischer Dramatiker 296

Benchley, Robert (1889-1945): amerikanischer Schriftsteller, Humorist und Schauspieler 276, 281

Benjamin, Walter (1892-1940): deutscher Schriftsteller und Literatur- und Kulturkritiker 172, 180

Bennis, Warren (*1925): amerikanischer Wirtschaftswissenschaftler und Führungspsychologe (University of Cincinnati) 39, 56, 65, 124, 158, 189, 229, 250, 260, 264, 280, 306

Berenson, Bernard (1865-1959): amerikanischer Kunsthistoriker litauischer Herkunft 286

Bergson, Henri (1859-1941): französischer Philosoph polnisch-englischer Herkunft 194, 202

Bernal, John Desmond (1901-1971): irischer Physiker 55

Bernard, Tristan (1866-1947): französischer Dramatiker, Schriftsteller und Journalist 84

Berra, Yogi (*1925): amerikanischer Baseball-Spieler und Baseball-Manager 79

Berth, Rolf: deutscher Managementwissenschaftler (ehemaliger Leiter des Kienbaum-Instituts) 82, 105, 148, 226

Bethmann, Johann Philipp von (1715-1793): deutscher Bankier 97, 98

Beutelrock, Friedel (1889-1958): deutsche Schriftstellerin 220, 251, 257

Bierce, Ambrose (1842-1914): amerikanischer Schriftsteller 207

Bismarck, Otto von (1815-1898): preußisch-deutscher Staatsmann 32, 116, 188, 242, 288, 294, 319

Blake, William (1757-1827): englischer Dichter und Maler 82, 197

Blanck, Erhard (*1942): deutscher Schriftsteller und Buchhändler 32, 51, 57, 201, 204

Bloch, Ernst (1885-1977): deutscher Philosoph 150

Block, A. Harvey: amerikanischer Manager 85

Blum, Albert (*1930): deutscher Unternehmer 152

Blumenthal, Oskar (1852-1917): deutscher Schriftsteller (Gründer Lessingtheater) 111, 214

Bogart, John B.: amerikanischer Verleger (New York Sun) 293

Böhm-Bawerk, Eugen von (1851-1914): österreichischer Wirtschaftswissenschaftler und Staatsmann 130

Bohr, Niels (1885-1962): dänischer Physiker, Nobelpreisträger (1922) 76, 109, 198

Bok, Derek (*1930): amerikanischer Rechtswissenschaftler (ehemaliger Präsident, Harvard University) 64

Böll, Heinrich (1917-1985): deutscher Schriftsteller, Literaturnobelpreisträger (1972) 276

Bono, Edward de (*1933): englischer Management-Autor 95

Boorstin, Daniel J. (*1914): amerikanischer Historiker 289

Boost, George 151

Borman, Frank (*1928): amerikanischer Astronaut und Manager (ehemaliger Vorstandsvorsitzender, Eastern Airlines) 130

Born, Karl (*1943): deutscher Manager (Mitglied des Vorstandes, TUI Group) 78, 159

Born, Max (1882-1970): deutscher Physiker, Nobelpreisträger (1954) 55

Börne, Ludwig (1786-1837): deutscher Schriftsteller und Aphoristiker 44, 47, 71, 166, 208, 277, 279

Bosch, Robert (1861-1942): deutscher Industrieller 144, 159

Bossuet, Jacques Bénigne (1627-1704): französischer Geistlicher und Historiker 98

Boufflers, Stanislas Jean de (1738-1815): französischer Schriftsteller und Übersetzer 49

Bowles, George 268

Boyle, R.J. 268

Bradley, Vic: amerikanischer Manager (Vorstandsvorsitzender, Yamana Resources Inc.) 310

Brande, Jacob M. 230

Brandeis, Louis Dembitz (1856-1941): amerikanischer Jurist (Richter am Obersten Gerichtshof, 1916-39) 136

Branson, Richard (*1950): englischer Unternehmer (Gründer Virgin-Group) 256, 296

Braun, Wernher von (1912-1977): amerikanischer Raketeningenieur deutscher Herkunft 79, 235, 317

Brecht, Bertolt (1898-1956): deutscher Schriftsteller und Regisseur 62, 96, 97, 131, 134

Brittain, Alfred (*1942): amerikanischer Bankier (ehemaliger Vorsitzender, Bankers Trust Corp.) 238

Britten, Benjamin (1913-1976): englischer Komponist 61

Brock, Erich 135, 250

Bromley, R. C. (*1936): britischer Armeeoffizier 32

Brown, John Mason (*1900): amerikanischer Schriftsteller 251

Brown, Rita Mae (*1944): amerikanische Schriftstellerin 195

Bruckner, Anton (1824-1896): österreichischer Komponist 18

Brudzinski, Wieslaw (*1920) polnischer Aphoristiker 249

Bruno, Giordano (1548-1600): italienischer Philosoph und Wissenschaftler 315

Bruyère, Jean de la (1645-1696): französischer Moralist 258

Carlyle, Thomas (1795-1881): schottischer Essayist und Geschichtsschreiber 186, 289, 290

Carlzon, Jan: schwedischer Manager (ehemaliger Vorstandsvorsitzender, Scandinavian Airlines System) 141

Carnegie, Andrew (1835-1919): amerikanischer Industrieller schottischer Herkunft 159, 169

Carnegie, Dale (1888-1955): amerikanischer Psychologe und Schriftsteller 255

Carpendale, Howard (*1946): deutscher Schlagersänger südafrikanischer Herkunft 29

Carret, Philip (1896-1998): amerikanischer Financier 138

Carroll, Lewis (eigentlich Charles L. Dodgeson; 1832-1898): englischer Schriftsteller 116

Carus, Horst: deutscher Manager und Wirtschaftswissenschaftler (WHU, Koblenz) 103

Cato (234-149 v.Chr.): römischer Staatsmann und Redner 54

Cervantes, Miguel de (1547-1616): spanischer Schriftsteller 98

Cézanne, Paul (1839-1906): französischer Maler 222

Chambers, John: amerikanischer Manager (Vorstandsvorsitzender, Cisco Systems) 108

Chamfort, Nicolas (eigentlich Sébastian Roch Nicolas; 1741-1794): französischer Schriftsteller 33, 37, 184

Chandler, Alfred (*1918): amerikanischer Wirtschaftshistoriker (Harvard University) 121

Chanel, Coco (eigentlich Gabrielle Chasnel; 1883-1971): französische Modeschöpferin 32, 146

Chargaff, Erwin (*1905): amerikanischer Biologe 56

Chateaubriand, François de (1768-1848): französischer Schriftsteller und Politiker 49

Chesterton, Gilbert Keith (1874-1936): englischer Schriftsteller und Dichter 207, 278

Churchill, Winston (1874-1965): englischer Politiker und Staatsmann 33, 43, 61, 76, 130, 134, 184, 202, 216, 220, 275, 288, 292, 318, 320

Sachregister

Danksagung

Bei der Zusammenstellung und redaktionellen Bearbeitung dieser Auswahl haben mich meine Mitarbeiter effektiv und zuvorkommend unterstützt. Ich danke der Teamleiterin Dorothea Hayer, M.A. Ebenso gilt mein Dank Andrea Schütte und Ingo Lier.

Ein unverzichtbares Handbuch

Hermann Simon (Hg.)
**Das große Handbuch
der Strategiekonzepte**
Ideen, die die Business-
welt verändert haben
2000. 425 Seiten
ISBN 3-593-36410-7

In den vergangenen zwanzig Jahren stieg das Wort
Strategie zum zentralen Begriff des modernen Managements auf. Auf kaum einem anderen Gebiet der
Betriebswirtschaftslehre wurden in so kurzer Zeit so
viele neue Konzepte hervorgebracht.
Hermann Simon hat die wichtigsten bei Campus er-
schienenen Werke zum Thema Strategie zusammen-
gestellt und chronologisch geordnet. Von Experten
in knappen Kapiteln vorgestellt, ergeben sie ein gut
lesbares Strategiekompendium mit geschichtlichem
Charakter. Als Handbuch und Nachschlagewerk ist
es unverzichtbar für jeden Wirtschaftspraktiker.

Gerne schicken wir Ihnen unsere aktuellen Prospekte:
Campus Verlag · Heerstr. 149 · 60488 Frankfurt/M.
Hotline: 069/97 65 16-12 · Fax - 78 · www.campus.de

Frankfurt / New York